治本之道

/淘宝天猫/

黄非红 著

台海出版社

▌策划手记

何为治本之道?

李 鲆

做电商的人群日益壮大，但电商却越来越难做。

流量成本越来越高，转化率越来越低，同行竞争越来越激烈，产品同质化越来越严重，店铺运营成本越来越高，顾客忠诚度越来越低……

广大卖家、特别是中小卖家，不要说赚钱，就连生存下去，都越来越难。怎样破解这些难题？如何才能让我们的店铺运营变得轻松且稳定？未来的电商趋势又该如何去应对？

齐论教育创始人黄非红的《淘宝天猫治本之道》，给了我们有益的借鉴。

黄非红是一位实战派电商导师，自己运营过多家千万级的淘宝店，培训学员数十万人，指导多家店铺销售额过千万，帮助多个十万级微商大团队实现销售翻倍。他从丰富的实践与研究中，得出了一个结论：

平台电商已经到了一个需要大变革的时期。之前针对淘宝天猫的大多数所谓干货、技巧，都是治标不治本。要解除当下广大中小卖家的困境，需要治本之道，即：建立私域，将流量私有化。

做个形象的比喻：

之前的流量都在平台上，就像是一个海洋，卖家是到海里钓鱼；但钓鱼的人越来越多，就不容易钓到鱼。

建立私域，流量私有化，就像你建造了自己的鱼塘，你可以在鱼塘里养鱼；你的鱼塘越大，收获就越多。

黄非红给出了非常具体的建立私域的方法，包括甄选好的产品，营造良好的购物环境及体验，将公域流量高效引流到私域的方法等，又给出了私域流量精耕细作、管理和营销的非常实操的方法。不仅如此，他还提出了"叠浪"这一更为新颖的概念，将流量私有化与用户体验升级、新零售、小程序等结合起来，不断裂变、不断成交、不断追销，形成了一个良性的、不断扩大的生态圈。

产品过剩时代，流量就是稀缺资源。《淘宝天猫治本之道》抓住了流量这个关键，又把握未来趋势，结合新零售与最受关注的小程序，构建了完善的、实操性极强的思维体系，值得广大淘宝天猫卖家借鉴学习。

李鲆
276527980

资深出版人，著有《畅销书浅规则》《畅销书营销浅规则》《微商文案手册》等，策划出版多部畅销书。

▌作者简介

黄非红

齐论教育联合创始人

淘宝（泉州）商会会长

泉州电子商务协会副会长

千万级 TOP 店铺掌柜

在线教育专家

派代官方顾问讲师

齐论电商学院校长

齐论京东商学校长

齐论微商学院校长

　　黄非红从事电商运营多年，对于电商运营有着独到的见解，自运营多个类目的淘宝、天猫店铺，其中五家类目 TOP 店铺，同时兼任各大 top 店铺的运营顾问包括（NALA、狗不理、伊米妮、炊大皇、MISSLENG 等），擅长淘宝天猫 SEO，店铺整体运营，淘宝官方活动。其长期活跃于各大电商卖家交流圈内，对于电商卖家求助的问题从不私藏，随着慕名而来的电商卖家越来越多，其逐渐开始投身电商教育培训，2014 年与其好友问升共同创办了齐论教育，2016 年创办齐论微商学院，2017 年创办齐论京东学院。

　　投身电商教育四年多以来，已经帮助了数十万电商卖家，受益人群覆盖量达百万，为整个电商行业的发展做出了卓越的贡献，电商教育培训行业的领军人物。

赞

卖家要成长，大致有两种，在流量红利期的野蛮扩张拉新，因为流量增长够大，即使损失了老顾客也肆无忌惮；第二种是做成"有人排队的小餐馆"，更关注现有客户的"小池子"，围绕着小池子慢慢扩张边界，最后变成了湖泊甚至是海洋。前者，是早期的淘宝生态玩法，而后者，是现在和未来的淘宝生态成功秘诀……本书，和大家一起思考，如何先挖一个属于自己的小池子，慢慢把它变成海洋。

——淘宝搜索客座专家：贾真

电商线上红利已经消耗殆尽，作为互联网和电子商务的老兵，新零售最前沿的新战士，以及二十余年的企业顾问人，我认为在创业与转型已经成为所有企业常态的当下，作者提出"以流量为核心，做好产品，做好服务，获得客户认可"才是电商业者的真正治本之道，并且重新梳理了治本之道的逻辑与步骤，具有很强的可实操性，相信能为读者带来更多的思考和策略。

——网盈机构创始人：鞠凌云（舒瀚霆）

黄非红是一位极具实操经验的电商导师，善于思考并乐于分享。对电商运营目前遇到客户黏性弱、流量成本高、商家间竞争过度等问题，作者结合了他多年电商心得和电商前电商发展的趋势提出了店铺运营的治本之道——流量私有化，本书值得每一个电商朋友一读。

——触电会创始人：龚文祥

黄非红老师对公域和私域的理解非常深刻，开创了电商流量的叠浪关系，私域越大公域流量越大，公域流量越大私流量就越大，这是现在电商的本质，也是当下内容电商乃至网红电商的核心商业逻辑。无论如何演变，时代如何迭代，千百年商业的本质一直没有改变，而黄非红老师恰恰在浮沉变化之相中一语洞穿，直击本质，可贵可贺！

——前淘宝达人学院负责人：七天

我喜欢一句话：与其诅咒黑暗，不如让自己发光。

电商似乎门槛越来越高，机会越来越少，一路追逐，少有人去思考，我们是否习惯了索取，忘记了创造。丛林有丛林的法则，希望电商人都懂黄非红的治本之道。

此书若让你对电商有了新的思路，不必言谢，加快脚步去实践，因为我还喜欢一句话：齐论不言谢。

——派代商学院校长：得登

商业生存之本最核心的逻辑是什么？"好的产品＋好的服务"。黄非红先生的《淘宝天猫治本之道》正是从最本源之处着手，剖析了电商的治本之道，不管是精细化建好"私域"，还是为自己的顾客挑好产品，做好他们的体验，每一个环节都对电商运营意义重大。当下电商模式百花齐放，我们的商家面对日新月异的机遇与挑战，容易浮躁、迷茫、随波逐流，而忘了"初心"。对此，《淘宝天猫治本之道》可以静心，和大家一起沉下来思考最本源的所谓"电商哲学"。现在很多电商人一直在探讨一个问题：抢新流量更重要，还是维护好老客更重要？从这本书中，我们也许可以找到属于自己的答案。

——NALA 总经理：刘勇建

以前我们一直在研究公域流量，随着新零售时代的到来，私域运营越来越重要，治本之道为了让商家更加轻松更长期运营店铺提出让商家做好产品和服务的布局来提升客户的购物体验并提出独特的客户运营方案——"私域运营"让商家和客户互惠互利。书中还给出了非常详细的实操步骤让商家可以轻松去实践书中的内容，对于商家而言这同时还是一本店铺运营的工具书。

——单锋赤云数据创始人

电商新零售，何为王道？

获取流量。

何为获取流量治本之道？

建立私域。

《淘宝天猫治本之道》每篇文章都蕴含了作者的睿智和沉淀，渗透出他对电商新零售的潜心研究。

《淘宝天猫治本之道》让老板看到战略，品牌看到方向，管理看到方法，新生看到希望。

——有咖云计算创始人：秦华

目
录

第一章

中小卖家到了
最危险的时候

—— 章节导读 ——

流量获取成本越来越高，竞争越来越激烈，

顾客忠诚度越来越低，广大中小卖家的运营越来越困难。

中小卖家遇到的最大问题是：怎样才能赚到钱？

没错！不是怎样赚更多的钱，而是怎样才能赚到钱？

1.1 淘宝天猫等电商平台应势而生

随着计算机网络技术的重大突破，互联网 Internet 的兴起，为电子商务的发展提供了网络平台。互联网的发展，不仅能同时快速传递大量的信息（数据、文件），还实现了网络营销、电子支付等功能，给人们提供了各种新型的平台服务。

中国电子商务，从 1990 年开始，先后经历了起步、发展和稳定等几个阶段，然后进入了可持续性发展的稳定期，电子商务已经受到国家高层的重视，并被提升到国家战略层面。

在 2013 年的时候，中国电子商务交易额已经超 10 万亿元。越来越多的企业和商家，突破其传统经营模式，从实体店转入网络经营，以寻求新的经济增长点。

而所谓电子商务平台，简称电商平台，就是为企业或者个人提供网上交易洽谈的平台。

企业的电商平台，建立在互联网上，是企业进行商务活动的一个虚拟网络空间；是保障企业商务顺利运营的一种管理环境；是协调、整合信息流、物质流、资金流等，让其有序、关联和高效流通的一个重要场所。

各企业和商家可充分利用电商平台提供的网络基础设施、支付平台、安全平台、管理平台等共享资源，有效开展自己的商业活动。

目前，国内的电商平台有上百家，包括京东商城、当当网、唯品会、聚美优品、1 号店、美团网等，都是比较热门的电商平台。每一个电商平台，都有自己的特色。比如当当网，是以图书为主要产品。

不过最有影响力的电商平台，则是淘宝和天猫，两者占据了中国电商平台的大部分市场份额。

淘宝网，由阿里巴巴集团在 2003 年创立，是亚太地区较大的网络零售商圈之一。

淘宝网发展到 2015 年，仅仅两年时间，淘宝网已经拥有注册会员 5 亿，其中活跃用户 1.2 亿，在线商品数量超过 10 亿。

在 C2C 市场，淘宝网占据的市场份额达 90%。随着规模的扩大和用户量的递增，淘宝网已经从单一的 C2C 网络集市，发展成了一个综合性的零售商圈，包括 C2C、分销、拍卖、众筹、定制、直供等。

淘宝网的主要产品包括以下内容：

阿里旺旺和千牛。阿里旺旺是一款即时通信软件，淘宝注册用户之间用之进行沟通交流。阿里旺旺是淘宝官方推荐的沟通工具，其聊天内容，可以截图作为电子证据。

随着商家对手机端沟通的要求越来越高，阿里巴巴又研究推出了一款千牛工具。通过千牛，卖家可以及时了解到店铺的数据信息，方便其经营管理自己的店铺。

淘宝店铺。淘宝店铺是各个卖家在淘宝网销售自己商品的载体。每一个商家都有一个对应的淘宝店铺。当你的淘宝店铺注册成功后，你可以对淘宝店铺进行各种装修和优化。

淘宝理财。淘宝注册用户越来越多，很多用户的支付宝里都会存一笔钱。淘宝网就看中了这个商机，开发了淘宝理财频道，优点是便捷、灵活、用户体验好。用户通过淘宝网，能方便地购买基金等。

淘宝外卖。淘宝用户只需要进入淘宝外卖频道，就可以方便地搜索附近的美食店、小吃店、水果店、蛋糕店等外卖信息，然后随时自助下单。

另外，淘宝网的产品还有飞猪旅行、拍卖等。

2012 年，淘宝商城分离淘宝网，正式更名为"天猫"，因此天猫也叫淘宝商城或者天猫商城，是一个综合性的购物网站，由知名品牌的直营旗舰店和授权专卖店组成。

天猫是阿里巴巴的重要子公司，它整合了数万个品牌商和生产商，为各商家和消费者之间提供了一站式的解决方案。同时支持淘宝网的各项服务，比如支付宝、集分宝分付等。

它提供的商品物美价廉，有品质保证，还为消费者提供了 7 天无理由退货的售后服务、购物积分返现服务。

天猫在 2014 年，上线天猫国际，开辟了境外市场，开始为国内消费者直供海外原装进口商品。在 2015 年"双 11"狂欢节当天，天猫交易额超 912 亿元，创下了多项世界纪录。在 2017 年"双 11"全球狂欢节，创下了销售额 1600 多亿元的记录。

2003 年 5 月 10 日，淘宝网成立，而后淘宝网就迅速发展起来。到 2015 年，经过短短两年的时间发展，淘宝就已经发展成为亚洲最大的购物网站。从此，网购开始成为寻常人家生活购物的时尚。

许多人看到了其中的商机，开始纷纷进军各大电商平台。而淘宝网的免费开店策略，也一度成为众多中小卖家试水电商的首选。

刚开始的时候，不少中小卖家都从中获取到了第一桶金。不过随着越来越多的中小卖家开始进军淘宝网，淘宝各商家的竞争也开始愈演愈烈。

前些年，淘宝平台的流量一直都处于高速增长期。流量的增长，缓和了商家之间的竞争。

但近年来，随时淘宝、天猫平台流量增长的明显放缓，各商家获取流量的成本越来越高，商家间的竞争也越来越尖锐，广大中小卖家的运营变得越来越困难。

1.2 中小卖家面临的问题

纵观整个中国电商平台，在快速发展的同时，也存在着不少问题。淘宝等电商平台存在的问题主要包括以下几个方面：

1.2.1 流量成本越来越高

淘宝网或者天猫，之所以能够做这么大，它们依赖的是中国的人口红利。

在几年前，互联网受众群体少，做电商行业的商家也少。你随便做一个产品，或者投入少量的资金，就可能做成爆款，获取到不少的流量，流量跟不用钱一样，大家都可以肆意地去挥霍。

但现在不一样了，随着电商平台越来越多，微商的兴起，顾客的可选择性多了，以淘宝为代表的各大电商平台流量增长都开始放缓了许多，平台商家获取流量的成本越来越高，转化率变低也在所难免。商家投资几十万流量，可能还不能回本。

同时，电商行业发展到这个阶段，顾客无法沉淀，商家就得不断购买流量，以此获得新顾客。而随着淘宝商家数量越来越多，竞争越来越严重，流量获取的成本也水涨船高，做淘宝的商家更是深有感触，于是，电商难做的呼声也越来越高。

流量成本升高的根本原因，在于淘宝天猫平台的核心商业模式。在平台的竞价排名机制下，只要固定成本、广告成本、人工成本低于客单价，各商家就不得不为了获取流量而不断地支付费用，平台方就能持续获利。

所有商家都在为平台挣钱，自己的空间就会越来越小，获取流量的成本越来越大，生存越来越难。

例如，一年前直通车打爆款的玩法，当时还是一个蓝海区，一些有资金的卖家，一般投入几万元，就能带来非常可观的流量，没有不盈利的，只是盈利多少的问题。

而现在你如果不懂运营，不懂分析数据，直通车砸几十万，能不能回本都是问题，付费流量尚且如此，免费流量的竞争就更加激烈了。

但是在电商行业，流量却更为重要。

现在的电商早已不是淘宝刚兴起的时代的电商了，现在的电商不可能什么行业都赚钱。因为那时候互联网的受众群体少，做电商行业的商家也少。现在局势已然不同，做电商的人群日渐壮大。

如何降低获客成本，获取优质流量，提高变现能力？这些是每个创业者都无法回避的难题。

在目前的市场中，买流量似乎成了一条获客捷径。但现实是流量越来越昂贵，这代表着流量红利逐渐消失，只凭花钱买流量这一条路已经行不通。

流量贵的本质是现在的流量越来越分散。随着电商不断得升级，购物生态也在演变。目前已经进入到内容营销的时代，如果商家跟不上发展，生存就会越来越困难。

1.2.2 同行竞争愈演愈烈

以淘宝为代表的各大电商平台流量增长都开始放缓了许多，但是还是有大量的商家不断地加入电商大军，这是导致同行竞争越来越大的根源。

同时，品牌商家不断地加入电商大军，草根起家的中小卖家在实力上与他们相比，根本不是一个量级的。

中小卖家不管在资金投入还是在人才方面，都非常乏力，不少商家为了能使店铺快速获取流量，开始打起了价格持久战，加剧了同行竞争。

1.2.3 产品同质化越来越严重

某个产品在顾客选择购买过程中，由于其功能性利益与竞争产品相同，可以被竞争对手所替代。竞争对手就成为这个产品的替代性产品。这两款产品就形成了产品同质化。

在产品同质化基础上形成的市场竞争行为，就是同质化竞争。而产品同质化，不利于顾客识别，两款或者几款同类产品无特色、无差异。

即使是知名品牌的产品，在产品同质化的竞争下，也需要进行品牌建设及产品、服务的提升。如果是一般性的品牌，同质化竞争越来越严重，市场前景不容乐观。

产品同质化就像一个包围圈，有品牌意识的厂商，想要突破这个包围圈，就需要在核心技术研发上下工夫，提前对终端消费市场做出预判，率先进行变革，以求在同质化现象下脱颖而出。

在淘宝网，现在市场竞争越来越激烈，商品同质化越来越严重，越来越明显。消费者在任意一家店铺都能找到自己需要的产品。而大多数产品在品类、功能和价格等方面也基本一样。

中小卖家想赚大钱的确非常困难。不管你想买什么产品，同款或者同类的都会出现一大批，根本没有办法长久吸引和留住顾客。

现在绝大部分的产品都供大于求。因此，你的店铺、你的产品想要走下去，那么，你的产品必须有不同于其他同类产品的特色，这样才能更好地吸引顾客。

1.2.4 店铺运营的成本越来越高

店铺运营成本分为人工成本和经营成本。

以前你还可以单人作战，一个人运营一家店铺。随着平台竞争的日益剧烈，产品同质化现象越来越严重，产品厂家提供的相关图片，已经满足不了你店铺运营的需要。你需要请专业美工设计产品营销图片，甚至需要雇用专业团队进行重新拍摄。

同时，现在店铺运营的内容也越来越多，一个人的精力实在有限。你发现要经营好这个店铺，你还需要聘请助理或另外一个运营来接替你的一部分工作。

而店铺的经营成本也是越来越高，让广大中小卖家头疼：店铺装修、广告费、打榜费、网站提成、平台费用……因为店铺运营的成本越来越高，有相当一部分的淘宝店铺都是在亏本经营。

1.2.5 顾客忠诚度越来越低

现在顾客买东西的渠道越来越多，淘宝上商品同质化也越来越严重，顾客可选择的机会也越来越多。那么，顾客可能根本都记不住你的产品和你的店铺名称，对你的忠诚度就越来越低。

"营销"，有人也叫作"赢销"，商家做营销的目的是提升销售业绩、赢得顾客。而赢得顾客要比提升销售额重要得多，可以说，顾客的忠诚度是保证商家可持续发展最强的动力。

而现在，许多商家在获得盈利的营销活动中，他们将顾客视作竞争对手。这是一种非常错误的观点，商家推广产品或者是服务，最终目的应该是与顾客达到双赢，让顾客心甘情愿地成为商家产品和服务的忠实粉丝。

1.2.6 节日促销过于频繁

近些年，淘宝天猫电商不仅借助中国传统节日积极大力进行促销，还不断创造新节日进地商品促销。

双十一、情人节等活动一个接一个，引发了一批又一批的全民消费狂欢。但是，这些营销活动太多了，造成了人们的购买疲劳，影响了电商业行的良性发展和长远发展。

再加上现在各种玩法更新太快，特别是最近这两年玩法不仅更新快，而且难度还提升了不少，爆款、活动、网红、个性化、达人、微淘、直播、个性化标签……

这些，都是淘宝中小卖家面临的问题。

1.3 中小卖家如何应对这些问题？

当然，上述的一系列电商平台存在的问题，不可能每一个商家都会全部遇到，可能一个商家只面临一个或者两个问题。

对于这些问题，作为商家，应该如何应对呢？商家应该用高品质的产品、真诚的客服态度、实际的顾客体验、正确的引流、提高顾客忠诚度等方法，来降低流量成本和店铺运营成本，帮助自己的店铺走出困境。

1.3.1 严格把关产品质量

电商要严格把关产品真假问题。产品问题涉及名誉和品牌，不管是大型电商企业还是独立电商品牌，都要注意产品质量，杜绝生产、销售假货。

作为生产企业，要生产质量过关的产品；作为销售商，要通过正规渠道进货，杜绝把假货销售给用户。

同时，作为商家，你有义务告诉顾客，真、假产品的区别，让顾客自己放心购买。

比如你销售的产品是进口产品，在自己产品的展示页面，你可以给顾客提供一些进口产品的信息，以此来保证自己的产品质量：

市面上伪进口商品有两种，一种是国产或国内分装，对外宣称是原装进口；一种是国际跨国公司中国分公司生产。还有一些假货，是在香港包装后，再返运到内地保税区，再通过各批发商销售。

你还可以在商品展示页面，告诉顾客一些真假产品的鉴别知识：

看条码。条码就是进口产品的身份证，是不是原装进口，条码上数字所透露的产地等信息可以明确告诉你。

看防伪贴。保税区仓库发货的进口商品，都有保税区贴的防伪二维码，可以查询是否发自保税区，是否为正品。

看中文标签。中国相关法律法规有要求，进口食品必须加贴中文标签，然后才可销售。

看检疫证。看产品包装上是否贴有激光防伪的"CIQ"标志。

看原产地证书和报关单。不能提供原产地证书的产品，可能是仿制产品或者国内代加工产品。而产品的报关单，涉及到某些商业秘密，如果商家愿意提供，则可证明为正品。

1.3.2 提高服务质量，增加流量和精准顾客

在市场激烈竞争、商品同质同价、利润越来越小的现状下，各商家可以通过不断提高自己的服务质量，以此保证持续赢利能力，实现利润的最大化。

相同的商品、相同的价格之下，用服务质量的优劣高低来赢得生存，是目前市场经济竞争的需要，也是当今"微利时代"的根本之道。

对于广大的消费者来说，同样的商品比价格，同样的价格比服务，同样的服务比质量，这是他们自己心中默认和遵循的购物原则。

作为商家，你千万不要欺骗用户。因为用户是电商的根本，特别是老用户，走一个就少一批流量，最终受害的还是商家自己。

服务作为一种手段，其内涵非常丰富，说起来容易，做起来难。想提高店铺的治本之功，重要一点就是要提高客服的质量，教会客服和顾客聊天沟通。

引导顾客进店就来咨询。我们会发现，每天来自己店铺浏览的顾客不少，几十个到几百个都有，但是真正来咨询的不多，顾客流失率很高。

这些访客，就是我们的流量。我们一定要把这些流量，通过我们客服

的引导咨询，通过我们的服务，转化成自己的顾客。

每个进店的顾客，他们首先是对我们的产品感兴趣。这时，客服和顾客沟通，要让他们再具体了解我们的产品，大大提升产品的转化率。

即使进店的顾客对产品本身没有兴趣，我们也可能通过客服的一个询单，提升他的兴趣。即使他最后不会购买我们的产品，也有可能转化成我们的目标顾客，转化成我们的流量，转化为我们私域的一员。

客服的质量，是顾客对你家店铺的第一印象，是你家店铺的门面。如果客服做不好，那会直接影响自己店铺的口碑。

那么如何提高自己客服的服务质量？要培养他们具备以下素质：

一、顾客是上帝。

不管是老板当客服，还是聘请的客服，都要抱着这样的心态。不要觉得顾客是麻烦，不要认为顾客在你这边买过东西后，就没有事了。

如果你有这样的心态，自己的店铺就做不长远。售后服务的好坏，直接决定了这个顾客是不是能成为回头客，是不是能给你带来新的流量。

一个好的客服应该是"任凭顾客虐我千百遍，我待顾客如初恋"。对待顾客应该像对待我们的初恋，真诚而目的明确，无微不至地为顾客着想，顾客比较难以应付的时候，一般都是在我们店铺购物遇到不愉快的事情。顾客有时会情绪化，正面快速地帮助顾客解决难题是最简单最有效平复顾客情绪的方式，并且能获取到顾客的好感、信任，切忌拖延、敷衍、情绪化应对。

二、客服要有热情。

热情的销售最容易成功。

作为店铺老板，我推荐大家阅读一本书《联盟》，这本书的内容是关于员工管理的。如果你是客服，我希望你们阅读《人性的弱点》这本书。看完这本书后，你会感觉自己的服务态度有一定的提升。

大家都知道，伸手不打笑脸人。我们每一个人，都无法拒绝热情的人。就算是你内心在拒绝，表面也不会去拒绝。特别是在线上做客服的，开口"您好"、闭口"谢谢"，顾客是能感觉到我们的热情，会转变对我们的看法。

从陌生到好感，很多时候只需要热情周到的服务，而一旦顾客对我们产生好感也就会随之产生信任，有了信任销售也就变得轻松而愉快。

三、攻心为上，攻城为下。

客服要真正地为顾客着想，了解顾客的需求，让顾客喜欢你，从而喜欢你的产品。

比如，面对一个顾客，客服的态度如果是：你爱来不来，爱买不买，不买拉倒，肯定不行。

客服在跟顾客聊天的时候，要投其所好。只要你能真正解决他的需求，就能做到高转化。如果你不管顾客喜欢什么，上来就是推荐你店铺的爆款、打折款，肯定不行，对于初次进店的顾客我们应该看顾客的浏览足迹，针对顾客的浏览足迹来做针对性的推荐，成功率也就极高。

我们客服就是要让顾客傲气。客服心里想的应该是这样的：除了价格

不能便宜，你要我做什么都行。

当顾客询价并且讨价还价的时候其实离成交只差一小步，顾客在要优惠的时候其实已经认同了我们的产品，要优惠只是出于社会经验或者某种小心理，这时候我们需要一个成本低、精美而贴合产品的小赠品就能让顾客爽快地付款，如果坚持需要价格上的折扣，在允许的范围内都可以灵活地处理，毕竟在淘宝竞争如此激烈的情况下你多卖一单对手也就少卖了一单，这时 1=2，大部分情况下只是你少赚点。这里并非提倡大家不择手段竞争，而是对于极个别顾客来说，我们应该站在运营的角度来思考和处理问题。

顾客想要一款产品，自己家没有，怎么办？我能帮你找！顾客看中一款自己家的产品，但是目前没有货，怎么办？哪怕贴钱也要去其他商家帮他搞定！当然这是在适当的经济承受范围内，这个问题依然要站在运营的角度来看待，我们流失的顾客会到竞争对手那里去成交，这时 -1=-2，这显然是非常不利的。而且这个顾客在被转化之后后续可能会被二次转化三次转化，甚至会推荐他身边的朋友，这个价值又是难以估量的。聪明的你心里应该知道如何去处理了。

对于顾客运营而言，很多情况下只要你直接地为顾客解决了他的问题，那他就是你的潜在铁粉、回头客。长此以往，你累积到的顾客越多，回头客、铁粉就会越多，而对于铁粉顾客，什么都能卖给他，这点大家可以参考当下的微商、网红、明星。

四、了解产品本身。

作为客服，你对自家的宝贝了解吗？了解到什么样的程度？很多小卖家，可能连自己卖的货都没有见过。

如果你只是想赚点小钱，就无所谓对产品了解不了解。如果你想要做大，想做长远的店铺，你不知道自家的产品，没有见过、没有摸过、没有试用过，你不知道产品是否真的好，顾客咨询的时候你怎么回答？

不管是自产还是代销，我们一定要对产品有一个深入的了解。这款产品适合什么样的人群，质量是否过关，它的生产周期是多久……

除了对产品有了解，还要做出产品的小功能表：产品的优缺点；产品的主要卖点；产品的运用场景；为什么我们家的比别人家的好。

所谓知己知彼百战不殆，如果连基本的知己都做不到，那么又何谈取胜？

1.3.3 为顾客提供价值增值服务

"营销"，有人也叫做"赢销"，我们做营销的目的，是为了提升销售业绩、赢得顾客。赢得顾客要比提升销售额重要得多，顾客的忠诚度是保证你店铺可持续发展最强的动力。

我们店铺推广产品或者服务，最终目的是与顾客达到双赢，让顾客心甘情愿地成为自己产品和服务的忠实粉丝。

那么如何做才能牢牢拴住顾客的心，提高顾客的忠诚度呢？最重要的一点是为顾客提供价值增值服务。

为顾客提供价值增值，最大的好处，就是跳出已经饱和的市场竞争。面对我们的目标顾客，要给顾客提供超越竞争对手的价值，因为同质化的竞争只能以两败俱伤收场。

价值增值包括以下几个方面：

一、技术增值。

在产品原有的技术之上提升附加技术支持，这个需要你具备产品研发能力，对很多卖家而言还是比较难的，但是一旦做到，那么市场就将被你收割。例如：大哥大时代，手机只能打电话，现在手机可以发短信、拍照、听音乐，功能齐全，跟一台电脑无异，比用电脑还方便。

二、产品服务增值。

在相同技术水平的产品竞争中，提升产品售后服务质量，让顾客对产品、对我们产生安全感。

举一个例子：两件同样的衣服，售价也是一样的，一件支持 15 天质量问题包退换货，另外一件支持 60 天质量问题包退换货，那么你会选择谁呢？那么成本是多少呢？答案是：产品靠得住就几乎没有什么成本。而类似的产品服务增值有只换不修、破损补寄、延保、退全款等。开动脑筋，聪明的你一定会有更多更棒的想法和计划！

三、管理服务增值。

你在向顾客输出产品的同时，也输出自己店铺的理念和管理方法，使顾客认可你产品的同时也认同你的管理理念、文化和价值观。通过优质的客服，帮助顾客解决自己本身存在的问题。

举一个例子，农夫山泉的广告："我们不生产水，我们只做大自然的搬运工。"短短两句话就向我们阐述了农夫山泉对于矿泉水的管理理念、文化和价值观，以及优势点，如果你认同它，那么也就会成为其支持者、消费者。

对于电商卖家而言，输出管理服务增值可以体现在详情上，如我们认为什么样的衣服是好衣服，衣服从选材到制作的流程，每一道工序是怎么把控的，让顾客认同我们对产品的价值观、管理理念和文化。

聪明的你领悟到了管理服务增值的精髓吗？

四、品牌增值。

提升自己店铺和产品的品牌形象，在顾客市场中获得较好的口碑和美誉度，同时也抬高了顾客的身价。让顾客感受到自己在消费的同时也在增值，这就是"双赢"。品牌在市场竞争中的影响力这里我就不做赘述，关于如何塑造品牌这点，对中小卖家而言是比较难的，但是我们可以从塑造一个好口碑做起，而如何做好口碑，读到此处你心里是否已经有了一个模糊的雏形？别急，继续往下细细品读。

1.3.4 提高顾客的忠诚度

在电商环境，顾客的忠诚度呈现出极大的两极分化，有些店铺的复购率极高，而大部分的中小卖家复购率却极低。经过我们长期的总结发现，提高顾客忠诚度要从以下几点入手，才能真正地获得顾客的忠诚度。

一、保证产品质量，劣质产品有市场但是没有粉丝。而且市场会越来越小，产品生命周期也很短，对于当下越来越成熟的淘宝天猫平台，劣质产品将会被加速淘汰。

二、注重售后回访，让客服做好服务和售后工作。一个产品售后调查不仅可以加深、强化顾客对我们的好感度，而且能及时地发现我们产品或服务真正需要改进的点，比坐办公室里挖空心思苦想来得实际而有效得多。

三、增加短信、微信、微淘、淘宝群聊等产品通知方式。定期给顾客发送自己产品的最新信息，把店铺最新优惠活动告知我们的顾客，可以显著地提高我们店铺的复购率。

四、维护好老顾客，保持与老顾客的定期互动。

1.3.5 低成本获取优质流量

现在的电商早已不同于淘宝刚兴起的时代，不再是做什么行业都赚钱。现在流量获取的成本越来越高，而转化率却极低。

大家都在为了有限的电商流量拼得头破血流，你好不容易引来的一部分流量，却又因为别人随便的一个优惠活动，又会白白流失。

如何降低获客成本，获取优质流量，提高变现能力？这些是每个创业者都在思考的难题。

第一，作为卖家，要打开视野，让流量入口多元化。

卖家要密切关注互联网上不断产生的新业态，让自己粉丝流量的来源多元化，降低流流量成本，寻找最优质的流量。今日头条、微博、微信、快手、抖音等平台，都是很不错的流量入口。

第二，要自建流量池，让流量私有化。

流量池只是一个平台，是你和粉丝互动的一个工具。比如，雷军和小米的关系，小米的流量，阿里拿不走，腾讯拿不走，微博也拿不走。

第三，打造超级 IP 符号，持续输出内容。

比如，你可以打造一个人格化的 IP，持续输出人格化的内容，通过微信、微博等社交平台与粉丝进行互动，建立信任，增强黏性。比如现在流行的网红，就是越级 IP 的一种，网红可以聚集流量，成为一个优势节点。

近年来，网红一词火爆了互联网。网红全称为网络红人。现阶段的网红，特指将美照放到微博、贴吧、论坛、朋友圈中，通过把自己的各种照片分享，并在网上转载而走红的人。主要包括社交网红、淘宝红人、微博网红、直播网红和视频网红等几种类型。

微博网红，他们原来可能是小明星或者模特，依靠内容输出而吸引大量粉丝后，成功开设淘宝店铺，转型为网红。

社交网红，是指论坛、微博、博客等网络社交平台上的一些时尚达人，他们凭借准确的定位，持续输出优质内容，吸引大批粉丝，成为网红。

淘宝红人，则是一些别具一格的淘宝卖家，借助社交媒体走红，利用产品预售、单品、产品定制等方法积聚了大批粉丝。

视频网红，在小咖秀、秒拍等视频网站上发布自己的视频内容，展示自己的个性和特点，以此吸引和积聚大批粉丝。

直播网红，是在一些直播平台上，通过与粉丝实时互动，聚集了大批粉丝，形成了超高人气的一些主播。

网红经济迎合了新一代消费群体的个性化需求，一方面，对产品个性化需求做出精准感知；另一方面，在数据的驱动下，对产品供应链进行了改造。

网红群体通过展示其艺术才能、专业知识，向粉丝持续输出优质内容，获得大规模精准粉丝，然后通过广告代言、礼物赠送等，实现其商业价值。

因为消费者相信的是人，而不是一个一个冷冰冰的产品品牌。因此，用人来与人进行互动，可以最快速地建立信任，牢牢锁定顾客的终身价值。

第四，把你的产品做到极致，与超级 IP 合作，打造双 IP。

如果你有一个优质的产品，可以寻找一些与自己产品品质符合的 IP 合作，两者强强联合，打造双 IP，相得益彰。

这些超级 IP，他们自带流量，在各自的细分领域有着很大的影响力。

与超级 IP 合作，商家能借助他们的人气，把自己的产品更加专业地展现给顾客，可以给自己的产品销量带来大幅度的增长，有效提升转化率。

同时，借助超级 IP 引导顾客了解其他产品或者行业相关知识，让顾客在购物消费的同时，还能和他们互动，从而提高顾客的忠实度和对自己店铺和产品的依赖感。

大家都知道，大型超市的流量，不是你自己吸引来的，而是你配合超市，超市分配给你的。而做淘宝，和开超市的逻辑很相似。想要获得淘宝的流量，就得明白淘宝是怎么分配流量的。

而淘宝的规则是：最好的商品获得最大范围的曝光度。只要你的产品是同行业最闪亮的那个，那你的产品就会获得最大化的流量。

那么，我们就要了解淘宝流量的几种分配方法：

一、淘宝促销活动流量。

在淘宝上，天天特价、淘抢购、聚划算等活动，都是获取流量的地方。你可以根据自己产品的特色，参加不同的活动，以此获取流量。

二、广告流量（付费推广）。

在淘宝，有各种广告产品。你可以根据自己产品的营销周期，做某一段时间的广告。只要你出了相应的钱，淘宝就会让你的产品占据好位置，获得比别人更多的流量。

淘宝天猫目前付费流量有三种形式。

（1）直通车，扣费形式按单次点击扣分，单次点击扣费 =（下一名出价 × 下一名质量分）/ 本人质量分 + 0.01 元。直通车的展示位置一直以来是穿插在自然排名内的。

直通车的展示位置和自然搜索排名极为相似，区别在于直通车是需要付费的。因此，直通车常用来测试我们的款式受不受市场欢迎，只需要投入少量成本就能较为精准地测试出我们的款式值不值得重点关注。

还有就是用直通车测试图片的点击率，一张高点击率的图片能让我们在众多的宝贝里迅速地脱颖而出。

（2）钻石展位，按千次展现扣费。钻石展位的转化率一般低于直通车的转化率，因此钻石展位一般比直通车便宜。钻石展位大多用于店铺转化率较高的节点，这样进行投放收益会高很多。

比如店铺内举办大力度的活动，或者参与了聚划算、淘抢购等转化率高的活动，通过钻石展位可能获取到相对便宜的流量。

其次，钻石展位也常常与直通车结合使用，点击过钻石展位的顾客，在他们搜索相关关键词时，我们的宝贝排名会获取到一定的加权，从而获取更好的排名。

（3）淘宝客，按成交扣费。淘宝客常用于宝贝前期需要基础销量的时候，适当地给出更高的佣金比例，能让宝贝销量快速提升。

大家可以根据自己产品的营销周期和需求，选择适当的付费推广方式，以此来帮助宝贝成长，从而在众多的竞品中脱颖而出，获得到更多的免费流量。

三、大数据推荐流量。

淘宝的注册会员，都是凭自己的真实账号购物的。因此，淘宝网会有相应的买家购买数据。然后，淘宝会给这些用户一些与他们已购买产品相匹配的、独特的产品推荐。

你的产品如果足够好，就会获得这些用户的青睐。

四、达人推荐。

2015 年以来，电商红人兴起，他们吸引了越来越多顾客的注意力。这些电商红人推荐的推荐，也是淘宝店家的一个流量获取入口。

随着淘宝的发展，会有越来越多的流量入口。吸引来了流量，店主需要做的就是，如何留住顾客，把顾客发展成自己的精准粉丝，转化为自己的私域流量。

五、自然搜索流量。

我们在做各种引流的时候，不要忘了淘宝自然搜索带来的流量。这个流量的优点是：比较优质，定向性比较强，流量大，转化率也不错。难点在于，刚开始做淘宝的小店不懂得如何得到这部分流量。

要抓住自然搜索流量，必须明白影响搜索排序的几个最主要的相关因素：

相关性原则。就是商品发布的类目与商品本身的符合度，比如一款连衣裙就必须发布到女装这个大类目下连衣裙的小类目中，不然买家很有可能搜不到你的宝贝。还有标题关键词与类目，属性的相关性就是标题优化。

作弊降权原则。就是不能刷交易量。

橱窗推荐原则。商品下架之前必须设为橱窗推荐，买家才有可能看到你的商品，可通过后台购买的软件操作。

下架时间。产品下架时间是影响搜索默认排序的最大因素之一。

第二章

私域流量，
是治本之道的核心

—— 章节导读 ——

把流量从公域导流到私域，自己掌控流量，

对流量深耕细作，提高顾客忠诚度，

提高转化率和成交率，不断裂变，

是淘宝天猫中小卖家的唯一出路。

2.1 产品不重要，流量才重要

现在做电商的人很多，淘宝天猫里月销百万、千万的店铺也很多。过于激烈的竞争，导致很多电商从业者变得浮躁起来，认为自己只要去开店就能赚钱，就能赚大钱，却没有想着从利用自己的资源、积累出发去制定目标。

他们简单地以为，只要自己模仿了别人店铺的装修和运营模式，就能够复制别人的成功，就能月销几百万、几千万。

这样的"宏大"目标，可以说基本上是无法实现的。因为他们忘记了最重要的一点，电商运营的本质，结果只有失败。他们看到的只是别人成功的表面现象，以为靠刷刷单和改改关键词就能解决店铺的根本问题。

那么，什么才是真正的治本之道呢？销量、流量、转化、主图、宝贝详情……这些，都是我们大小店主每天、每时都在关注的点。但关注了这些点，也并没有办法去真正帮你解决店铺的问题。

你打造了一款爆款，打造销量5万、10万的爆款，销量再高，店铺该死还得死。在短期内，我们可以去争流量，抢销量，提高顾客转化率。但从长远去考虑，我们就要了解，什么是治本之道？

销量、流量、转化、主图等这些，都是标，我们要考虑的，是治本。

我们如何去做好本质的东西呢？

不管是淘宝还是天猫，大店还是小店，要做治本，那就要掌握我们的顾客，也就是所谓的流量私有化。

把流量导入私域，实现流量私有化，对流量进行深耕，呈现叠浪。这才是真正的治本。

2.2 把公域流量转化成私域流量

淘宝网的用户流量数据很大，你的店铺每天的顾客流量很大。

但这些流量，是淘宝网的流量，是你店铺的流量，却不是你自己的流量，不属于你自己。

现在大多数人信赖淘宝，在淘宝网购物很方便。但是淘宝它只是一个平台，是一个工具。你只有登录淘宝网，才能达到你购物的目的。如果你不登录淘宝网，就不能在那里买东西。

每个商家都很精明，他们会以这种模式去灌输给你：我登录淘宝就是为了……是因为淘宝的平台可以交易，有保障，而不是因为淘宝的产品多。

对于顾客也是，他想要买东西的时候，第一时间想的是：我去淘宝逛一下；第二时间想的是：我去某一家店看一下。这些顾客，都是属于平台的，不是属于自己的、个体的。这样去开店铺，去做生意，意义就不大了。

但是我们要明白的是这样的逻辑：我登录淘宝，也登录其他平台，我可以去你家买产品，也可以去其他平台买产品。

这就是我想让大家知道的治本之道。

2.3 两个案例说明私域的重要性

我们可以通过以下两个案例，来了解私域的重要性。

案例一：

有一个齐论学员，开了一家淘宝店，卖的产品是纸尿裤，属于母婴类目。在去年的时候，他学习了天天特价。天天特价的要求是，只要你的贡献值达到 6000 元以上，一个月就可以上多次活动。

他每次活动的时候，里面都有送返现卡，进行微信引流。利润不高，一件只有 5 元钱。但是几个月的时间，他就累积了几万名的顾客。

然后天天特价玩不了，他就坚持做淘客。只要微信好友来找他买产品，他都按天天特价这个价格供货给顾客。他每件产品只赚 5 元钱。

通过这一些顾客粉丝，他又成功打造了几个爆款。每个新品一上线，这些顾客都来买。只要顾客来买的，都是 5 个、10 个、20 个、30 个……虽然每件挣的钱不多，但是马上把纸尿裤爆款做起来了。

案例二：

我有一个朋友，在淘宝开了一家男鞋店铺，价格不算高，质量也行，大概日销千单。他没有建立自己的私域的概念，但是有做好评返现的活动，微信里的顾客都是通过那个返现卡添加过来的，顾客领取红包后就沉寂了，没有做后续的维护。

有一次他的产品断货，压了几千件货都没有发出去，顾客投诉，然后店铺被扣了 12 分，全店屏蔽。店铺被封了，也没有了搜索流量，你根本搜不到他的店铺，而他的这个店铺也就此瘫痪了。

闲下来之后，他发现很多人在微信上卖产品，好像也做得很不错，于是他把之前加微信的号拿起来试着开始运作，每天在朋友圈发商品打折促销的动态，虽然是新手很多玩法和细节都不懂，但是还是每天都能出近百单，这让他愈发后悔当初没有建立私域，没有去做微信顾客运营。

通过这两个案例，大家应该都明白了私域流量的重要性。

常规的淘宝、天猫店铺运营完全依赖于平台，那么一旦平台对你限流，或者你因为种种原因离开了平台，你能带走的仅仅只是店铺运营沉淀下来的数据，而最宝贵的流量对你来说只是存在记忆里，在店铺过去的运营数据里。

如果你建立了私域，把流量私有化，你就永远掌控了这部分流量，到任何时候，你都会拥有流量这一宝贵财富，我们可以引导这部分顾客帮我们打造一个又一个爆款，也可以带领这部分顾客跟随我们转移阵地，就像现在各个直播平台的主播一样，从这个平台跳到另一个平台，认可他的粉丝也会到另外的平台去继续支持他。

你要做的是属于你们自己的粉丝，是个体的粉丝。要把流量从淘宝引导到我们建立的私域上，仅仅只是一个引流的环节，后续通过互动与顾客建立起熟悉感，让顾客认同我们，不断地融入顾客的生活中，让顾客在有需要的时候首先想到的就是我们。

这样下去，顾客选择的都是个体，而不是某个平台。

2.4 运营顾客，是流量私有化的基础

如果你一个月能销售 200 万以上的产品，按这个销量，你能持续多久？

即使这样的销售成绩不断上升，3 年以后你能预见自己可以做到什么成绩吗？

这些都是你无法掌握的事情。

即使你现在有很多钱，你有办法在 3 个月之内从 200 万元做到 2000 万元吗？

我希望现在你能做 200 万，3 个月以后，无论电商领域如何风云变幻，你都能做到 2000 万，这个概念就是治本之道。

我们齐论教育有数十万名学员，我见过了太多风光一时的店铺。这些店铺开始时长期占据热销商品榜首，每日访客量达几十万次。

一段时间爆款过后，除了过去的流量数据，已经找不到别的证据来证明这家店铺曾经辉煌过。

他们能做的，就是继续挖掘新顾客，获取新流量，然而流量成本却越来越高，爆款却还不知道能不能爆，而这个循环却还在周而复始。

如何解决这类问题？如何把淘宝平台的流量沉淀下来，如何通过沉淀下来的流量来帮助店铺运营？我们一些善于探索的学员和我们的讲师团队，早就已经开始摸索。

经过我们学员和讲师团队的长期探索，我又结合自己这么多年教学的体会，完成了这本《淘宝天猫治本之道》。

2.5 为什么顾客记不住你的店铺名称?

我们再来思考一个问题:

淘宝（天猫）平台明明给我们流量了，我们也成交了，顾客也给我们好评了，但最后，却发现老顾客复购率极低，流量留存率更低。

这是为什么呢? 为什么顾客记不住我们的产品、我们的店铺?

把自己放在一个普通买家的位置，思考一下:

你还记得你近期购买的宝贝在谁家购买的吗? 店铺名字叫什么?

相信绝大部分的人都记不住了。

你只能记住，你买的宝贝是在哪个平台购买的。

为什么顾客记不住你的店铺名称?

原因有很多:

一、产品同质化和产品多样性。

顾客购买这家店铺的商品，并不是这家店铺独有的产品。顾客之所以在这家购买这个产品，往往是因为价格、销量、评价、刚好看到等原因。

这些因素的替代性太强，淘宝有太多太多商家可以替代你，顾客根本就不会担心错过你这家店。

二、竞争对手太多、太强。

同样一件商品，有人觉得利润 100 元合适，有人觉得利润 50 元合适，有人觉得利润有 10 元钱就够了，还有不少人会用先亏本冲销量的运营手法来经营，价格战就这样形成了。

在这样的环境下，消费者的忠诚度自然就会越来越低了。

三、平台属性太强。

淘宝平台经常会有大型的活动，比如双十一、618、双十二以及各大节日节点促销。只要有参与活动的商家，产品价格肯定是比平时卖价要低。

消费者在这样的环境里，自然就养成了这种观念：产品在活动的时候买划算，同样的商品就买价格低的，没有参与活动的商品购买是不划算的。

然后，淘宝还习惯把综合实力差不多的商品放在一起，这样就更加方便了顾客去货比三家再决定购买。

四、互动性太弱。

互动就是卖家与顾客之间进行交流沟通。要想让顾客认同你的店铺，对你和你的产品产生信赖，卖家就必须持续和顾客互动，提高顾客的店铺黏性和参与店铺活动的积极性。

许多人平时一般不会上淘宝（天猫），只有想到要购买什么产品的时候，才去看一眼淘宝（天猫），买到商品后就马上撤离。

这个购买过程中，商家与顾客的互动性很弱，顾客一般都是问一下有没有现货、尺码情况等，还有，现在许多商家采用了机器人服务，更让顾客不愿意与商家沟通。

虽然淘宝网目前也有了一些改变，比如微淘互动、淘宝购物群等，但是这些也依然改变不了互动差的现状。因为这个平台本身的购物属性太强，买家对互动有抵触性。

卖家和顾客的互动可以用这几种形式展开

每日签到。顾客每天进店签到，可以获取相应的积分，一定的积分可以兑换特定商品，或者抵扣现金。

免费试用。卖家店铺要经常推出一些免费的限量产品，分享给粉丝。

有奖问答。卖家可以设置一些问题，让粉丝参与活动。回答正确就可以获取奖励，当然，这些问题最好与你自己家销售的产品相关，这样更能有利于顾客对你产品的认知。

有奖转发。借助顾客的人际关系网，让顾客帮忙转发自己的产品资讯信息。只要转发的顾客，都有奖励。这样能提高店铺的知名度和影响力，获取更多的粉丝。

活动促销。经常给顾客提供一些低价位高品质的产品，让他们能不断获取更多实惠，以此增强与店铺的黏性。

2.6 私域流量才是有价值的流量

淘宝天猫治本之道的初衷，是让大家更加轻松地运营店铺，我结合自己多年的教学和实战经验，引入了两个概念：公域流量和私域流量。

公域流量指代传统的搜索流量，全网的营销活动、有好货、爱逛街、行业（类目）频道等。公域流量大多基于规则和算法，由平台系统推荐呈现商品流，卖家无法管理和干预。

在公共范围内，每一个商家都能够获取的流量，基本上所有有来源入口的流量都是公域流量。

公域流量是各个平台自己的流量。

这就是为什么在淘宝，买家忠诚度非常低，最初在你家购买的顾客，受不了宣传的诱惑很快去了别家。因为这些顾客，是淘宝平台的流量，不是你自己的流量。

私域流量指的是卖家自己可以控制的流量。私域流量的渠道，是我们最近一年都在强调的譬如"微淘内容页"、"直播间"、"群聊（右上角消息框）"、搜索主页等。

卖家最熟悉的微淘内容页，就是典型的私域。在那里，卖家可以自主发布微淘内容，粉丝可以点赞或评论，卖家可以与粉丝互动。

在私域内，卖家想发布什么就发布什么，买家只能看到卖家发布的内容，他的购买意向就非常明确。

微信作为一款社交软件，是人们日常生活中使用频率和使用时间最长的软件，互动性极强。

我们要把公域的流量，或者说淘宝平台的流量先引导到微信号上，然后在微信上搭建属于我们自己的私域，通过运营我们的私域，来壮大我们公域的流量，公域流量又可以反过来壮大我们的私域流量。

把流量从公域引导到私域，再通过私域运营让消费者在微信上认可我们，这个过程，就是流量私有化，也就是我们的治本之道。

治本之道要改变的，就是这种商家与顾客之间的连接方式。

第三章

如何甄选好的产品？

想要达到治本之道，第一道门槛就是产品，产品是治本之道的基础。

作为一名中小卖家，要严格把控产品质量关，

知道什么是好的产品，了解选择好产品的三大技巧，

选择好自己要销售的产品。

只要你的产品好，所成交的每一单，

都是在为你的下次成交做铺垫。

† 3.1 产品是治本之道的基础

只要你的产品好，你每卖出一单，都是在为你下次的成交做铺垫。

为了迎接这样的市场，现在我们就要开始走治本之道。

到那个时候，我们的流量只会属于我们自己，很多人买东西，他不是冲着淘宝推荐才过来买，而是认可我们本身。

几年以后，会有固定的产品，或者有一些新鲜的平台，去吸引人购买这些产品，而不是哪里有廉价的产品就到哪里去。

电商的同质化产品肯定比现在多，甚至可能已经饱和，你要买任何产品，都会有数十家竞争对手，不可能说这一种产品只有某一家才有。

那时候，我们要做的不是区别化，也不是定位。

我们需要考虑的是，你如何让这些顾客来买你家的产品，如何让这个顾客长期买你家的产品，如何让顾客主动用你家产品，如何让顾客用得放心。

如果你想要流量私有，达到流量私有化，让顾客只相信你的产品，那么你面临的第一个问题就是产品的质量。

也就是说，想要达到治本，第一道门槛就是产品。

我相信好多淘宝商家，他们真的不知道他的产品是好还是坏，他的产品能否承接住治本的这个要求。

下面我举两个真实的案例，来证明产品对于电商运营的重要性。

案例一：2012 年，我姐夫的一家女装店铺，月销 5 万单，地址在广州，我姐夫自己去市场拿货。客单价 50 元，产品利 15 元，最后毛利大概是 10 元，一个月可以赚五六万，当时我姐夫非常满意。

大家觉得，这家店现在会怎么样？他已经不做了。为什么现在不做了？因为我姐夫当时做的是爆款产品，他是做一款产品，挣一笔钱，然后再换一款产品。

其实很多人做电商都是这样，他们永远不相信培训，永远相信一招鲜吃遍天。

我当时一直跟姐夫说："现在得改了，方法要改了。你们之前打爆款怎么做？什么都不是自己的，连图片也不是自己拍的。只要把产品上架，就开始刷单。"

我姐夫不听。因为他用那个模式做了好几个爆款，就认为他那个模式好，不愿意去改变。他赚过钱，一家店做爆了，到两三个皇冠。然后新换一个店，换一个产品，再做两三个皇冠。

就是这种模式，大家能理解吗？一款产品做起来了，爆了，赚钱了，绿了，这家店就不要了。然后再开一家店，再来做死。他们不会去想要卖什么款式，就是随便上产品，上了卖了就 OK。

到了前年，他怎么做都做不起来，就回到线下去做生意了。

案例二：2012 年，一位大姐，这个是我姐夫的朋友，也卖女装，最初的时候和我姐夫一样做的是低客单跑量的路子，月销也有几千单，但是售后问题特别多，对她来说每天被顾客投诉让她对未来渐渐感到了恐惧，后来她毅然决定走高客单的路线。她有自己的一个小工厂，产品是自己生产的，转型对她来说很痛苦，一开始店铺销量很少，每个月的利润比之前少了太多，但是她每天收到的都是对她产品的认可，她继续坚持着，每天空余的时间很多，每天都坚持学习，慢慢地店铺有了固定的风格，店铺的月销量也日渐提高，和当初的利润已经持平了。

她的产品定位的是女装，20~40 岁的女性都可以穿。当初月销售量几十件的店，去年月销售额达 700 万元。

她的产品还是不用机器做，而是人工做出来的那种。对，这就是好评多、回头顾客多的原因之一。

通过这两件事，我想告诉大家的是，如果你自己卖的产品，你自己都不用，你觉得你的店铺会有未来吗？

如果你要去开一个淘宝店铺，只是一时的想法，想让它给你挣点钱，那就是短线的做法，不需要往店铺投入太多精力、财力和时间。

但如果你要做一个长线的店铺，就要有一个长远的规划。你希望在电商这条路上走下去，你的产品一定要优质，这样才能获得粉丝的青睐和回购。这是非常重要的。

当然，这并不是说在你能做爆款的时候不去做爆款。你自己得分清楚。

比如黑搜，你觉得黑搜好吗？我告诉你们黑搜好，是因为黑搜能让你快速地炒起一件产品；我告诉你们黑搜不好，是因为它有可能让你的店铺被降权，之后店铺想再做起来就非常难了。

如果你想做短期店铺，你可以不选择产品，你可以去做黑搜，你卖的货可以跟风，因为这个时候你要计算你的时间成本。

如果你要做长期店铺，你一定要选对产品，对你的产品有信心。要明白自己的定位在哪里，去选择什么样的方法、什么样的战略。

一定要选择自己有信心的产品，如果你对自己的产品都没有信心，我真心不建议你做下去。一定要记住，只要你的产品好，你每卖出一单，都是在为你下次的成交做铺垫。

虽然说即使你的产品好，你的顾客也不一定会再来你这边买产品；你的服务好，你的顾客也不一定会再来你这边买产品，但是，如果你的产品不好，你的顾客一定不会再来你这边买产品。

产品的重要性不需要做过多的强调，我希望大家能明白，淘宝天猫的治本之道，首先就是不能脱离优质的产品。

优质的产品是淘宝天猫治本之道的基石，好比盖房子的时候打下的地基，将来盖起来的房子，是万丈高楼还是豆腐渣工程，在打地基的那一刻就已经有了质的差别。

3.2 什么是好的产品？

在我们的认知中，什么样的产品叫好的产品呢？

质量好、耐穿、舒适、性价比高、顾客说好……这些都是人云亦云的东西。

要知道什么是好的产品，必须从两个视角来考虑：

3.2.1 顾客视角的好产品

我们首先从人性的角度，也就是顾客的角度来分析一下，什么是好产品。

（1）自己觉得好，自己愿意用的产品。

大家想一下，你身边有什么产品，是自己在使用的。当这个产品既不出名，又不是某知名品牌，不是某大牌的时候，自己就开始使用的。

可以有护肤品、衣服等，不是名牌，但是自己在使用。

优质的产品是经得起考验的，随着时间的推移和人为的加推，优质的产品就能渐渐地形成口碑，形成名动一方的品牌。

以我们齐论教育为例：齐论教育刚成立的时候还只是做淘宝天猫的商家运营技能培训，那时候我们公司不少成员都有自己的店铺在经营。

我们互相交流心得，把讨论出来的东西进行整理和完善，总结出实际操作效果，然后把这些具体的操作思路和流程，分享给我们的学员。

在公司初创的时候，不少学员都是我们公司成员的亲朋好友或者是他们转介绍的，这样的现象并不是我们有意去推动的，相反，还是我们公司成员告诉我的。

其实这个理念和董明珠推销格力手机是很切合的，现在很多成功的公司在研发产品阶段都会存在这样一个现象，让员工使用产品然后再不断地去完善产品。

（2）能放心推荐给亲戚、朋友用的产品。

回忆一下有什么产品是你愿意推荐给亲戚、朋友使用的，即使这个产品不是你自己卖的，你没有利润，但是你愿意推荐给朋友使用，推荐给叔叔、阿姨、哥哥、姐姐们使用。

你很放心这个产品，推荐的时候像是医术精湛的老医生给病人开药方一样，你在推荐的时候就已经预见到了效果。

以我自己为例：

熟人都知道，我以前脸上是长痘痘的。

有次我要去参加安利的一个会议，这个会议还是一个很高端的会议。我心想，如果我这张脸出去的话，别人看着就不想跟我讲话了。

离那个会议的开始时间还有一周，我开始四处去找安利的一款祛痘产品。

我首先问了对方几个问题：能抽烟吗？能喝酒吗？能熬夜吗？

对方都回答说"行"。对方告诉我产品是 5800 元，大概一个月能好。

我又问：使用一周后，脸上能不能没有脓包？对方回答说可以。

然后，我就买了这个产品。一周后，脸上的脓包消失了，一个月后，脸上的痘痘真的好了。

于是，我们公司至少有 10 个人，都被我拉过去使用这个祛痘产品，我没有拿一分钱提成，就是为了帮助朋友解决脸上长痘痘的问题。

像这样的产品，它就是好产品。

（3）自己身边的人用了之后也觉得不错的产品。

你推荐身边的朋友使用这个产品，朋友用完之后，觉得这款产品真的不错，这就是好产品。

并且要记住，我们推荐给朋友、亲人的产品，是需要不和金钱挂钩的，自己没有利润的。如果你推荐一款产品，就是奔着钱、冲着钱去的，那这个产品就不一定是好产品。

比如，我告诉你：我这里有一款产品，这个产品本身并不重要，重要的是我的盈利模式特别好。只要你帮我推荐，你投资 3000 块，你今天卡一个位，明天就能挣钱，一个月收入最少翻几番。

这个时候，就不存在产品本身的意义了，这只是一个挣钱的方法。产品只是模式好，推荐了就有钱挣。

大家要记住，这样的产品推荐，是不能做的。我们注重的应该是产品本身的价值，产品本身有价值，然后如果你的模式好，可以把模式附送过去。但是不能反过来做。

现在很多微商，就是因为模式好，他们就开始做了。但是因为自己没有选择产品，如果这个产品差，你的口碑就越来越烂。你做得越大，死得越快。

3.2.1 商业视角的好产品

再从商业的视角，来分析一下什么是好产品。

（1）解决待解决特定人群需求的产品。

就是从客观的市场上去分析，这款产品是否有需求。

比如洗鼻器，这个产品所属类目属于高利润，并且有一定的人群需求，还附带送洗鼻盐。这个产品，它解决的是特定群体的需求。

好的产品都是有针对性地解决特定人群的特定需求，我们不要求产品面面俱到，但是它核心的价值要足够让人放心。

（2）复购率是否能够达到一定程度的产品，或者是有传播意义的产品。

以大闸蟹为例来分析这个问题。

我一个学员家里是养殖大闸蟹的，九月份是大闸蟹热卖的季节。

我公司一个同事买了一份学员家的大闸蟹，他收到后发现大闸蟹个头大，里面的膏也很正很足。

同事就随手发了一下朋友圈，公司大部分同事看到后，都去购买这个学员家的大闸蟹。接着，公司同事复购的越来越多，推荐自己朋友去购买的人也越来越多。

我再举一个"懒人火锅"的例子。

懒人火锅又称方便火锅，是一款比方便面还要方便的食品，加入冷水即可自动加热，让许多嗜好火锅的朋友随时随地都能享口福，也让很多喜欢外出旅行的朋友能随时品尝到可口的美食。

一开始，懒人火锅是公司一个讲师带过来送给大家吃的，后来，我经常能在办公室闻到浓浓的火锅味，同事们都很喜欢懒人火锅的味道，以及它的方便性。

再后来，这位讲师的很多懒人火锅订单，来自我们办公室或者泉州周边的。讲师当时刚开始运营这个产品，他发现这个产品非常有潜力，同事们都很喜欢，就又送到我们办公室几箱，让同事们慢慢品尝。

之后在一次讲课的时候，讲师以他的这个懒人火锅店为例，给学员做操作演示，短短几分钟就售出了两百多单，这一现象一下惊呆了我们不少刚接触电商的学员。

这就是好产品的正能量，好产品本身自带传播属性和黏性，再加上人为的加推，这样的产品在网上是可以在短期内迅速地成长起来的。

（3）产品具备核心竞争力。

每一个产品都有它的优势和劣势，我们要搞清楚，我们产品有哪些优势和不足，根据这个产品的优势来定位。

一个产品的定位，可以从产品功能、产品价格或成本、产品质量、服务体验、产品外观、适用人群、产品性能、情感价值、产品附加值等方面来定位。

产品功能：是指产品的基本用途。大部分产品的基本用途都是单一的，但也有一些产品的用途是多样的。

比如折叠沙发床，它既可以当床使用，也可以当沙发使用，甚至可以隐藏变成装饰体。

产品的价格或者成本：我们不少学员有自己的加工厂，或者有进货价优势，然后他们通过优惠折扣的形式呈现出来，比如限时折扣、满减优惠券或者活动等，最后产品成交的价格，能比市场主流的价格更低。

在产品质量相同的情况下，产品价格优势是非常有利的。而且相对较低的价格，更能博取消费者的好感和信任，产品转化率往往会较高。

不过我不建议大家以价格作为产品的核心竞争力，我的目的是让大家能更加轻松并长期地运营店铺。如果我们把价格作为产品的核心竞争力，那是短线的运营手法，以后肯定会有人价格比你更低，甚至有人会做出战略性亏损。

因此，如果我们的产品要面临竞争，最好的方式是从产品质量、服务体验、情感价值、产品附加值、产品宣传等方面进行升级和改善。

产品质量：一般可以从材料和工艺两个方面入手。

以常见的食用油举例：食用油在材料方面就包括：粟米油、菜籽油、花生油、火麻油、玉米油、橄榄油、山茶油、棕榈油、芥花子油、葵花子油、大豆油、芝麻油、亚麻籽油（胡麻油）、葡萄籽油、核桃油、牡丹籽油等等。食用油在工艺上又分为：压榨（物理）、浸出（化学）两种。

不同的工艺、不同的材料，产品的品质的是大不相同的。在这方面鲁花花生油就做得很好，至今记忆犹新的，就是它的宣传口号：鲁花 5S 压榨花生油。

服务体验：大致可以分为售前体验和售后体验两个方面。

售前体验包括：客服的咨询解答、产品演示、免费试用等。售后服务体验包括：七天无理由退换货、破损补寄、质量问题包退换、只换不修等无忧购内容。

当前淘宝天猫平台已经日趋成熟，店铺服务体验在竞争中的影响因素越来越大，做好服务体验在转化率、复购率、好评率等方面都将获得很大优势。

产品外观：产品外观一般指产品的款式，对于中小卖家来说，产品是否好卖，一定程度上取决于产品的款式。在淘宝、天猫产品严重同质化的情况下，一款外观新颖、能获得消费者认可的产品，能让我们在众多的淘宝商家中迅速脱颖而出，店铺运营也会变得更加轻松。

适用人群：我们在圈定产品的适用人群时，可以从两个角度去分析，一是我们的产品卖给谁，二是我们的产品给谁用。

以童装为例，购买童装的人群大部分都是年轻妈妈，就是说童装是给年轻妈妈来挑选的。因此，一些机智的商家，针对年轻妈妈的审美，挑选了些较为时尚、成熟款的童装，迅速成为淘宝畅销款宝贝。

产品性能：产品性能即产品功能上的强化。以产品性能为主打的产品，多见于 3C 电子产品类目。一些高客单价的产品也常以产品性能为主打，高客单的消费者更加看重产品本身的性能，他们对价格的敏感度不太关注。

情感价值：这个概念会比较模糊，这里以江小白举例，江小白的定位可以说是一种情绪饮料。 人们一提起江小白，首先想到的应该就是它瓶身上的文案，短短一些文字，就让无数年轻人产生了共鸣，找到了感觉。

江小白在《致我们情绪的青春》一文中这样写道：

"我们捕捉每一个青春个体的丰富情绪，并向你提供一种带有酒精度的神奇饮料，它能放大我们的情绪。 它能让我们更幸福、更快乐、更激情、更兄弟、更姐妹，也可能让我们更孤独、更悲伤、更恐惧、更沮丧。 我们喜欢的情绪，就让它淋漓尽致，我们回避不了的情绪，就让它来得更猛烈！"

江小白提倡的是直面青春的情绪，不回避、不惧怕。"与其让情绪煎熬压抑，不如任其释放。"

以情感价值塑造产品本身，也就让产品具备了极强的传播属性，推广起来也会轻松很多。

产品附加值：在众多的竞品中，我们如果想要脱颖而出，很多情况下只需要给顾客一份额外的礼物即可，这就是所谓的产品附加值。 常见的产品附加值就是一份精巧贴切的小礼品。

只有产品好，你推广起来才会如顺水推舟。

3.3 选产品技巧分析

你要解决什么样的人群的需求，自己定义好了，然后再根据需求，去寻找好产品。

怎么去找好产品呢？

3.3.1 根据特定人群选择产品

先明白了你的顾客群体在哪，然后根据他们的需求来选择、完善这一款产品。不要管类目大与小，不要管竞争激不激烈。如果是类目大的产品、竞争就非常激烈。因此，要做类目小的产品，就是说我们要做细分领域的产品。

比如女装，在这个大类目下，根据年龄可分为中老年女装、青少年女装等；根据价格可分为高端女装、低价女装等；根据身材可分为肥胖女装、瘦女装、平胸女装等；根据风格可分为可爱风、欧美风、日韩风、职场风等各种风格。

而我们需要做的是，去解决特定人群的需求。要做的就是精细化。你要记住一点，你要去找的产品，就是能让顾客用着爽的产品。

3.3.2 通过定位来确定产品，并且把产品做精

为什么要做定位？我们选择产品要方向明确，统一性强，然后单点突破。比如我们齐论电商，不管是总部，还是地方上，名字都叫齐论电商，

主要是做教育培训。有人知道我们是做教育培训的，就叫我们"齐论教育"。我们也没有公开改名，现在齐论教育这个名字就传开了。

为什么会这样呢？我们什么时候改名叫齐论教育了呢？有一次有人问我：你们齐论电商，是卖什么产品的？

因为顾客不知道我们是做什么的，分不清我们是卖产品的，还是卖课程的。因此，后来我们就改名就齐论教育了。

因此，你在定位上面一定要写清楚，你们是什么店铺，卖什么产品的。比如说你是销售女装类产品的，那你可以女装前加上"潮流女装""青少年女装""轻奢女装""大码女装"等明确的定位，这样更方便顾客搜索。

而这就是：品牌即品类。

还是拿我们的齐论举例，齐论是应该叫齐论电商学院，还是齐论教育？因为我们一直是做电商的，所以我们很习惯性地就是电商，但是我们的业务不止是电商，所以后来我们就改名为齐论教育。

在偌大的淘宝网，如果你现在还不能做出属于自己的风格的产品，就永远做不了资本和定位。每个做淘宝的商家，都需要知道自己在卖什么产品。任何生意都需要一个合适的定位。

3.3.3 跟着大方向、类目选择产品

以前的淘宝网，大家都知道，只要你产品卖得多，你的产品好卖，淘宝平台就会给你引流量。你的店就相当于一个杂货店，什么都可以卖。你信誉越高，卖得越多，什么都可以卖。

但现在不行了。现在淘宝唯一希望能做好、做大的一家杂货店，就是天猫超市。淘宝平台开始扶持有明确定位、有风格、有口碑的店铺，而那些没有明确定位的店铺则会被慢慢地淘汰掉，之所以这样做，是因为淘宝平台已经看到了未来。

慢慢地，买家不会属于哪个电商平台，而是属于商家个体，因为买家需要体验度了。以前人们网购只是为了方便，现在网购更多的是体验。

因此，顾客现在已经不满意那种杂货店似的店铺了，他们需要的是精而准的小店。

那么，怎么根据大方向选择产品呢？我们要明白，现在淘宝要的是什么。

淘宝想要的，是卖家卖的东西要专一化，要精准。如果一家店铺卖的产品共分为 50 个类目，谁也没有办法保证这家店铺的顾客都满意。而买家，需要知道的就是评价，就是已购买顾客的满意度。他不可能去一家电器店买女装。

正因为如此，淘宝诞生了很多店铺。特别是那些品牌商，每一个总店，下面都有自己的子店，每一个子店都是销售单一的产品，规划得特别清楚。

大家都熟悉的某女装，韩都衣舍，它的分店包括娜娜日记、韩风甜美少女装、范·奎恩、大码女装、韩风时尚妈妈装、东方简约设计童装、东方才艺设计，等等，他们基本把所有品类的都占据了，风格很明确。

我希望大家都把自己的产品做精准、做精致了，这正是淘宝想要的。然后，你要去精选你们的市场，精选你们的类目，你们要走的路线是什么样的，你们要什么样的服务……

你的服务，你的价位，你的产品风格、店铺装修风格、家用模特风格，你的客服风格等，都可以成为你的卖点。

那我们要根据选择好的产品选择市场，市场可以是人数少的，但首先是利润要达到 30%~50%，这个发展空间是可持续发展的。

市场可以是小而美的。比如女装，你可以选择 11~16 岁年龄段的中学生服装。这个年龄段的小姑娘，她们如果穿的衣服太成熟了，不合适；太年轻了，也不合适。这就是小而美的市场。

这些，就是产品细分市场。

如何选择产品呢？第一是看人群，你们要分析出男女、年龄、消费、地域等，做更多的细分，然后是在市场中去定位我们自己，去解决特定人群的需求；接着是跟着大方向，找类目选产品，你要强调的是一个使命、一个愿景、一个价值观。

特别是大多数小卖家，我真心希望你们在刚开始起步，还没有做大的时候，就这样去做。

关于如何定位我们的产品，这里分享一个简单而高效的方式。

一、你要知道你的产品满足谁的需要。

他们的性别是什么：男？女？

年龄段是多少：1~3 岁、6~12 岁、18~24 岁、25~39 岁、30~34 岁、35~39 岁、40~49 岁、50 岁以上等。

消费能力在什么价位：20 元以下、20~50 元、50~100 元、100~200 元、200~500 元、500 元以上等。

人群的职业是什么：公司职员、企业高管、个体经营人员、学生、宝妈、教职工等。

二、他们有些什么需要（以饮料为例）？

加班熬夜的时候需要补充能量：咖啡、红牛、奶茶等。

运动的时候需要补充一些元素：盐点、尖叫、矿泉水等。

长痘的时候需要降火：王老吉、泰山仙草蜜、菊花茶等。

三、我们提供的是否能满足需要？

这其实是一个测款的过程，以懒人火锅为例：他定位的人群之一是办公室职员，解决的需要是加班时需要吃夜宵，又喜欢吃火锅。如何才能确定我们的产品能不能被我们定位的人群接纳呢？我们需要先找一部分人进行试销，收集他们的想法和评价。

而电商卖家要实现这个过程，最简单快捷高效的方式就是用直通车进行测款，当然在选品的时候也可以先找身边的人，先向他们描述一下想法，看他们对我们的想法有什么评价。

3.4 如何测款？

3.4.1 测款的意义

近年来，电商的发展越来越成熟，商家的竞争越来越回归到商业的本质，因此产品受市场欢迎的程度，也在竞争中发挥着越来越重要的作用。

在传统线下销售的时期，一个公司或者企业的倒闭，常常是因为积压了大量库存，导致了资金链断裂，让企业面临破产。

现在淘宝很多中小卖家，都有自己的囤货。他们用自己的眼光来选款，然后为了更低的价格，一次性囤大量的货，认为一定可以大赚一笔，结果就出现了产品滞销，积压在仓库卖不出去的情况。

特别是现阶段的电商，推一款产品的成本越来越高，如果你盲目地推款式，或者凭自己的主观去判断，是很不明智的。

这时，我们就需要测款，看这一款产品到底能不能畅销。爆款能给店铺带来大量流量，提升店铺的转化率。

产品符合市场需求，是成为爆款的首要条件。

对于传统线下销售来说，测款很难操作，因为传统销售的信息不流通，难以统计。以脑白金为例，史玉柱带领团队花了三个多月时间，做脑白金的测款，最后还是抱着拼一把的想法，去推脑白金。

而在淘宝上，测款却是一件极其容易办到的事情。

3.4.2 几款测款方法分享

（1）直通车测款，流量精准。

直通车测款，能够让店铺新品在系统没有匹配流量的情况下，通过直通车引流，让产品产生点击率、收藏率和加购率，平台可以抓取宝贝的这些数据。

直通车一直以来都是非常高效精准的，投入成本也不高，在几百元到几千元左右，时间也不长，正常只需要3~7天的时间。然后通过数据判断，这个款式在市场上有没有优势，值不值得后期投入资金和资源来推动这个宝贝成长。

判断一个款式值不值得推广，要以市场数据参考，以这个数值来衡量款式的潜力。直通车主要是优化点击率、收藏率和加购率。由于新品是零基础、零销量的宝贝，它的收藏率和加购率会随着宝贝的成长而逐渐提升，然后趋于稳定。

一般情况下，新品的收藏加购率如果达到市场优秀的平均值，那么这个商品就非常有潜力成为一个爆款。

使用直通车测款，要注意需要设置简单创意图；通过直通车定向引流量时，先在定向页面设置智能投放，人群定向为喜欢店铺，对产品感兴趣；选择二级或者三级关键词；要调整投放时间，通过流量解析判断投放地域。

用直通车测款的数据不能太低，一般300~500个点击得出的数据比较准确，具有参考性。

（2）店内测款，数据有效。

如果店铺本身就有不错的流量，就可以通过做产品关联，引导流量到我们测试的款式上，通过对比收藏加购率来判断款式的潜力。不过采用这种测款方式所需的周期会比较长，而且不能获得相关关键词的数据，点击人群是通过其他款式引导过来的。

店内测款，可以在爆款页面或首页加九宫格图片，然后通过粉丝或者进店用户的流量点击率、宝贝收藏率、加购率和转化率，去分析该产品在市场的情况。

（3）老顾客测款。

老顾客测款和店内测款要求一样，需要店铺有一定的流量，然后产品要满足老顾客的需求。老顾客可以通过微信、微博和微淘等各种形式关注测款信息。

老顾客测款要有上新提醒，通过橱窗推荐功能，设置好需要测试的商品，通过上新提醒功能、公众号群发功能提醒老顾客。用户可以点击链接查看产品信息。最后，根据用户的点击率、领取优惠券的量、收藏率和加购率等来分析这款产品能否推广。

还可以开展投票活动。通过朋友圈、微淘等动态发出关于商品的活动，让老顾客投票，选择自己喜欢哪一款。

也可以采取群问答的方式来让老顾客帮忙测款。让老顾客直接对各个款式进行分析，说明喜欢哪一款。

（4）数据分析测款。

一般情况下，不同品牌、不同店铺的定款方式都不一样。不过我们可以根据几款核心数据来分析，说明哪款产品更有潜力，更能成为爆款。

产品点击率，它直接反映了用户对该产品的兴趣度。点击率越高，带来的流量越多，产品越容易推广。

收藏率，反映该款商品的潜力，收藏率越高，说明潜在用户越多，越可能转化为精准顾客。

转化率，直接反映了用户对这款商品的接受程度。转化率越高，说明这款产品越容易卖。

加购率，反映了用户对这款产品的喜欢程度。加购率越高，说明这款产品越容易销售。

好评度，直接影响后期顾客转化率和回头率。好评度包括评价、退换货比率、顾客感官体验等。

在同等条件下，以上相应的数据越高，这款产品成为爆款的可能性越大。

第四章

营造良好的
购物环境及体验

—— 章 节 导 读 ——

购物环境和购物体验决定了你店铺的成交率和好评率。

4.1 购物环境和体验决定成交率和好评率

淘宝天猫治本之道的第二道门槛，就是需要营造良好的购物环境和购物体验。

淘宝天猫等平台，商品应有尽有，并且购买方便实惠。这些平台除了购物实惠之外，还有一个好处，就是这些平台还有一个中介的作用，它们作为担保中介，保证了顾客和商户双方的交易安全。

顾客购买宝贝的钱先给到淘宝天猫平台，等顾客收到宝贝，确认满意之后，平台再把购物款支付给商家。顾客对每一笔交易都可以做出评价（好、中、坏）。

顾客对宝贝评价的好坏，会直接影响到各商家店铺的正常经营。各商家十分重视自己的信誉，想方设法提高自己商品的质量，给顾客创造良好的购物体验，提高自己店铺的知名度和诚信度。

那么商家应该如何给顾客营造良好的购物环境和购物体验呢？

† 4.2 6 步打造良好的购物环境

4.2.1 给顾客留下美好第一印象

心理学上有个词叫"先入为主",指的是交往双方形成的第一次印象对今后交往关系的影响。如果一个人在初次见面时给人留下良好的印象,那么人们就愿意和他接近,彼此也能较快地相互了解,并会影响人们对他以后一系列行为和表现的评价。

所以我们要努力为消费者留下良好的第一印象。

同样是乞丐,图一是我们日常 生活中非常常见的乞讨方式,图二的流浪者则采用了新颖有趣的方式来乞讨。

对比两种乞讨方式，哪种给你留下的印象更好？哪种给你留下的印象更深？你更愿意帮助哪一个人？相信大部分人都会选择这位机智的、有创新意识的流浪汉。

作为电商，给顾客创造购物环境的第一步，就是你的店铺和产品给顾客的第一印象，也就是首印效应，这一步非常重要。

大家都知道，两个人第一次见面，第一印象非常重要。第一次见面，你给对方的印象是什么，对方就认为你是什么样子的人。除非你们以后又有很深的接触，否则对方对你的印象很难改变。

前段时间一个微商团队请我去讲课，我穿得很随意，也没有打扮，就过去了。去了之后，人家一看我穿得那么休闲，没有化妆，没有穿礼服西装，在听到我说到一年收入多少多少时，就觉得我是在吹牛。随着我讲课时间的延长，他们才知道我的课程很有价值。

所以，第一印象很重要，因为这是先入为主。

你店铺的主页装修、主图视频等，一定要有格调，风格与你的产品相符。顾客进了你家店铺，你家店铺的主页设计要能吸引顾客眼球，给顾客留下好的印象。

4.2.2 购物无忧，给顾客提供购物保障

你的店铺不管销售什么产品，能给顾客提供的购物保障，都要提供。

购物保障主要包括以下三个方面：

运费险。运费险即退货运费险，是指在买卖双方产生退货请求时，由保险公司对由于退货产生的单程运费提供保险的服务。

在淘宝网，运费险服务，是由加入消费者保障服务并交保证金的商家，和淘宝商城的卖家（机票、酒店、直充卖家除外），以及无名良品的买家购买。退货退款成功后，保险公司会直接将理赔金额划拨至买家支付宝账户。

淘宝卖家要给顾客开通提供运费险服务，解决顾客退货、换货的后顾之忧。

产品资质。产品资质主要是指产品的三证一照，包括税务登记证、组织机构代码证、条码证和营业执照，还有的产品有产品合格证。

其中特殊的产品需要有特殊的相关资质，比如图书销售，需要有出版物零售许可证；比如食品生产企业，需要有生产许可证、产品流通许可证、从业人员资格证、注册证、商标注册证等。

淘宝卖家销售的产品，一定要问厂家要产品的相关资质，并提供给顾客。

产品获得的相关认证证书。

企业为了证明自己产品合格，会让专业认证机构对该产品的质量管理体系和样品型式进行检验，认定该产品、生产过程或者服务已经达到了认证机构的特定要求，并具备持续稳定地生产符合标准要求产品的能力。

然后，专业认证机构会给该企业的产品颁发相关证书，证明该产品达到认证机构的要求，而产品的包装上也可以加贴认证机构的认证标志。

认证包括体系认证和产品认证两大类，体系认证一般的企业都可以做，这是一个让顾客对自己的企业或公司放心的认证，比如 ISO 9001 质量体系认证。产品认证比较广泛，比如 CCC 国家强制性认证和 CE 欧盟安全认证。

产品获得了这些资质认证，可以起到非常明显的作用。这些证书，可以指导消费者选购满意的商品，给销售者带来信誉和更多的利润，可以帮助生产企业建立健全有效的质量体系，可以节约大量检验费用，同时可以提高产品在国内、国际市场上的竞争力。

因此，对于淘宝卖家来说，你销售的产品，如果有运费险、产品资质和产品相关认证证书等这些资料，都会给顾客留下良好的印象。

举个例子：在购买手机的时候你发现三家店铺都有卖你需要的手机，他们的价格差别不大，你都能接受。如果其中一家店铺内有手机品牌方授权证书，而另外两家却没有，这时你会选择哪一家购买让你更加放心呢？

4.2.3 提高客服服务质量

很多卖家在店铺运营的过程中一味地钻研如何让宝贝得到更多的流量，详情、主图如何优化才能提升转化率，活动如何制定才能实现利益最大化，这些确实都很重要也很实际，但是却极少有人会去钻研如何优化客服。

客服是店铺的发言人，接触顾客最多，对顾客需求最了解，一个耐心周到的客服能让顾客感到安心，一个能说会道的客服能让给店铺带来更多的订单，一个懂得随机应变的客服能让店铺少很多麻烦，一个善解人意的客服能让店铺多出很多优质的评价。所以，应当重视起客服，让客服成为店铺之声。

既然店铺客服如此重要，那么我们应该如何去优化客服呢？

第一，客服需要对产品和店铺有足够的了解。

产品包括产品的种类、名称、材料、材质特性、产品的优缺点、产品货号、产品售价、产品各个部分的材料及其特性、产品如何养护等。客服要对产品有全面的了解并且能融会贯通地使用。

店铺则包括店铺的优惠折扣信息、店铺活动的内容和玩法、店铺各个产品的发货地、支持快递等。特别是在店铺参加大型活动前，让客服先全面地掌握活动的玩法，可以扼杀很多不必要的店铺纠纷，让整场活动充分发挥其效果。

在客服日常工作中遇到的问题其实重复性非常高，特别是活动接待的时候会流量暴增，很多时候客服回复会不及时，这时应该提前编辑好应对的话术，设置成快捷语，提高工作效率，但是尽量不要设置自动回复，自动回复会让顾客产生抵触的心理，从而导致顾客流失。

如果出现特殊情况，一定要使用自动回复，这里建议大家尽量简短、口语化并添加适当的表情。因为自动回复是秒回的，你一下子就打出一大段文字并且附上很多表情，这显然是不可能的。

第二，客服需要对顾客足够尊重。

尊重顾客是客服的基本心态，有时候客服会遇到顾客情绪化的言语，让人看了确实很不好受，但是我想说的是仍然要保持良好的心态，他针对的并不是你，你之所以能看到这些信息是因为你是客服，所以不要被顾客的情绪带着走，应该保持心态冷静对待。

一般情况下顾客之所以会情绪化，一定是我们的产品或者服务存在缺陷，引起了顾客的不满，而一旦客服和顾客产生纠纷而被顾客投诉，最后被处罚被降权的就是商家，这里我们建议大家：要选择有经验的专业客服，并且加强客服这方面的思想工作，提前做好遇到相关情况应该如何应对的指示。

第三，客服应该足够耐心和细心。

作为客服，对产品对店铺活动等内容足够了解是基本的职业技能。很多问题对于客服来说是很简单的问题，但是对于一些初来乍到的顾客来说，他们是真的不懂，所以请对每一个问题都认真地去回复，如果顾客不理解那一定是你阐述得不够清晰，请换一种更加通俗易懂的方式去解释。

客服与顾客接触的过程中经常不可避免地要给顾客一些承诺，比如顾客购买这款宝贝是要送人的，而客服答应了顾客要给顾客写一张祝福语或者换一个精美的包装，但是忘记了备注，那么顾客在收到商品后根本不会给你解释或者弥补的机会，直接就是一个差评或者投诉。

而关于客服常见的承诺有帮忙修改商品，帮忙修改指定快递，承诺几号前会发货，赠送小礼品，修改收货地址，指定时间发货等，对于作出承诺的顾客可以先标星置顶，然后及时备注或者在 ERP 上及时修改，下班前留下足够的时间检验一遍。

第四，一个优秀的客服同时也是一个优秀的销售。

答疑解惑只是店铺客服工作的一部分，对于店铺来说是远远不够的，如何让顾客买单才是一个优秀客服应该具备的能力。

一个优秀的客服，在了解产品的同时，也要对顾客有足够的了解，能从顾客的浏览足迹上发现顾客喜欢的产品种类、款式、颜色和消费区间，能从和顾客的对话里找到顾客背后真正的痛点，在答疑的时候也同时在销售。

同时，客服也应该主动出击，定时回访顾客、询问顾客对产品还有什么疑问或者建议，通知顾客店铺近期的产品动态店铺动态等。

当然，作为一个客服，不可避免地会遇到顾客讨价还价的情况，那应该如何应对呢？

如果顾客讨价还价的产品可以降价，不过由于品牌方或者战略上的某些原因不能降价，应该用下面的办法处理。

建议大家不要去直接修改商品定价，因为修改商品订单价格，会影响到商品的最低价，从而影响到一些活动的报名，比如聚划算等，所以这里切记不可让客服直接修改商品价格。

我们要明白，顾客需要的是商品价格上的优惠，因此，我们可以有比较多的手段让顾客得到优惠。

1. 确认收货后，联系客服微信打款。

为什么选择微信而不使用支付宝呢？其实原因很简单：通过微信打款我们可以自然而然地和顾客成为微信好友，之后我们就可以随时随地地联系顾客，还可以经常发一些有趣或者有用的朋友圈，和顾客进行互动，慢慢地融入顾客的生活中，让顾客慢慢熟悉我们、接纳我们，然后和我们成为朋友，再次成为我们的支持者和消费者。

其次，确认收货后打款，很多客户都会出于潜意识或者说感觉需要回馈我们的心理，自然地给我们好评，其中不少淘宝老手还会附上精美的晒图。这里切记，不可强制要求顾客必须好评才能返现。

这是属于违反淘宝规定的行为，另外，很多顾客出于某种心理，会觉得这是一种不齿的交易行为，要么会拒绝，要么会反其道而行，将心里的怨气发表在评价上。

因此，当顾客询问是否需要好评才能返现的时候，我们可以说："×××，收到商品后对我们的商品满意的话，请给我们一个好评鼓励一下。如果收到商品您觉得不合适，我们是支持七天无理由退换货的。"通过适当的引导，其实最后顾客给我们好评的概率，和之前强制要好评的概率差不多。

2. 发送店铺优惠券。

有些顾客会嫌确认收货麻烦，或者说不放心。那么，我们可以给客服准备一些固定金额的优惠券，用于应对这类顾客。

使用店铺优惠券的原因，是单品优惠券一样会影响到商品的最低成交价。

设置这类优惠券要注意尽量不要设置无门槛优惠券。

我们一个学员，店铺客单价是一百多，设置了 10 元的无门槛优惠券，但是忽略了店铺还有 12 块钱一双的袜子，结果导致被一些顾客钻了漏洞。

设置优惠券要注意的第二点就是不能讲价。

我们可以给客服准备一些精美而贴切的小礼品，当顾客讨价还价时，用小礼品来满足顾客需要优惠的心理。我们可以这样回复顾客："×××，我们的宝贝很精美，价格也已经非常优惠了，喜欢的话，您拍下后我可以给您申请一份价值 ×× 元的 ××× 作为礼物赠送给您。"

客服要记得及时给顾客做好备注。如果出现遗漏，顾客会对我们非常失望，一般情况下都会给我们差评。如果遇到这样的情况，我们可以联系顾客，通过现金补偿或者无偿赠送礼品的形式来扭转顾客的心理落差。

当然，我们遇到顾客讨价还价的时候，除了直接和间接地满足顾客，也可以"晓之以理"。

比如："×××，小店的商品已经非常优惠了，而且非常精美，一定不会让您失望的，您及时拍下，我这边给您安排优先发货。"

你也可以这样回复："×××，客服君自己购买这款宝贝也是这个价格，宝贝很精致，质量也很好，客服君已经用很久了呢。""您拍下后，客服君可以帮您安排优先发货，您就可以早日收到宝贝。"

发挥你聪明的脑袋，多想一些婉转的话术，后期多跟踪话术的效果，然后进行完善。

如果第一次你让顾客感觉印象良好，他就会乐意去了解你的产品，转化成交，甚至可能给你带来新的流量和顾客。大家要知道，销售不一定是为了立马赚钱，销售是为了带动更多的流量和顾客。

4.2.4 引导用户好评

顾客对你产品的质量和性能的了解，首先是从其他购物者对你的产品的评价了解开始的。因此，良好的用户评价，是你获取更多交易额的关键。

一个好的用户评价，不仅能推动后续成交，还可以在潜意识里引导新顾客的从众心理，从而给予类似的好评。

因此，作为店主，你要尽量多做一些夸奖方面的交流，感谢老顾客，也就是已购买顾客对你商品的支持与理解，引导他们对你的产品做出好评，以此来吸引更多的顾客，给新顾客创造一个良好的购物体验。

在淘宝体系中，对产品的评价，有好评、中评、差评三类。要想引导顾客对你的产品和服务做出好评，我们就必须清楚了解顾客给予产品好评的条件是什么。

大家要了解这个公式：好评 = 好的顾客体验 + 评价。

要想引导顾客对你的产品和服务做出好评，首先就是要为客服创造一个良好的购买体验环境。这就是要提高售后服务质量，要避免出现售后跟踪服务差、发货慢等问题。

其次，就是产品的质量要好，要与宝贝在网页上的描述相符。没有良好的产品，再怎么努力，顾客也不会给你好评。因为顾客打开包裹、看到商品的那个瞬间，就已经决定给你的产品是好评还是差评了。

如果商家想得到顾客的好评，除了服务好，产品质量好，还要加上情感营销，送顾客一个超出预期的温暖和惊喜，比如随产品寄给顾客一个小赠品、送顾客一个 VIP 福利等。如果有条件，等顾客收到货后，要做电话回访，顺便提醒买家在收货之后给予好评。

4.2.5 做个性化定制

打开淘宝店铺——出售中宝贝——编辑宝贝——宝贝定制，就开通了买家的个性化定制服务。

开通个性化定制，当买家用淘宝搜索时，系统会根据买家平时的个人喜好和年龄消费层次的不同，给买家展示与他们最相符的产品。

买家如果之前在你家店浏览过你的产品，那在他搜索同类产品的时候，你的产品也会展示在他面前。个性化定制，其实就是搜索个性化。

顾客在购物时，往往也会购买相似产品。因此，你在相关产品的详情页面中，最好列举出同类的相似产品，帮助顾客选择配置或者自行设计能满足顾客需求的个性化产品。

要针对不同购物者的购物喜好，做个性化定制页面，方便顾客进行选购产品，扩大产品的销售额。

通过个性化定制，你可以把买家喜欢的宝贝，以最快的速度展现给买家，也可以优化你的宝贝详情页，让顾客停留时间更长，这样的个性化层次会更深。

4.2.6 产品质量是根本，开通商品质量保证险

开店要想赢得人气和销售额，产品本身的质量才是王道。只有过硬的产品质量和耐心的服务态度，才能赢得更大的销售市场。

我们在前文第三章，已经给大家分析了如何甄选好产品，保证产品质量。这里主要分析的是，要开通商品质量保证险，给顾客双重放心的保证。

质量保证险保险费是由卖家支付的，买家可以放心使用。

收到宝贝 30 天之内，如果你觉得产品材质不符或者质量不好，不用申请退货，也不用联系卖家客服，直接点击"质量保证险"，点"保险服务"，产品就可免费质检。

如果检测结果为描述不符，保险公司就自动退你货款的 3 倍，直接打款到你的支付宝账户。

如果这家店的产品没有"品质保证险"，只有好评显示，顾客也会把好评当成差评看待。开通了质量保证险，顾客就可以放心淘到好宝贝。

4.3 4 步提升购物体验

流量来了，转化跟不上，这也是很多淘宝中小卖家头疼的问题。

原因主要有两个：一是店铺给买家的体验度不高；二是淘宝经常改版。因此，我们需要实时关注淘宝信息，做相应的调整，给顾客最好的购物体验。

提高顾客的购物体验，直接关系到自己店铺的发展，更是店铺开拓市场的前提和基础。提高购物体验，是电商应当具备的基本素养。

淘宝天猫平台的购物体验包括浏览体验、评价体验、聊天体验和服务体验等 4 个部分。

4.3.1 提升浏览体验

现在很多人建自己的购物网站，都一味地注重网站美工、网站优化等方面的内容，很少有人会去考虑店铺本身的浏览体验。

其实，店铺的浏览体验，是关系到店铺是否具有黏性的一个很重要的要素。

首先，店铺页面要具有层次感。

要从顾客的角度出发去设计页面，页面注重产品内容的信息，给顾客展示一个清爽、干净的界面，这样就能给顾客留下较好的印象。

你店铺的装修格调包括以下几个方面：

主图视频：宝贝主图应以影音动态呈现，要在最短时间内，有效地提升顾客对你商品的认知认同，促进顾客做出购买决定。

宝贝主图：宝贝主图决定搜索流量。也就是说，主图标题和转化，意味着搜索的潜力和未来，点击率则决定了搜索流量的现状。因此，我们要对主图进行优化。

宝贝主图应该用全景主图显示。用神笔后台全景图管理主图；主图最好是白底、高清、质感；主图的立体感要很强，让顾客能够有一种身临其境的感觉；主图要真实性强，让顾客感觉是实景的逼真表现；主图的数据量小，要适合网络式观察。

宝贝详情：就是你产品品质承诺的布局。这个产品品质承诺，应该能够快速地增加顾客对我们的信任感；你做的产品品质承诺不同，产生的结果是完全不一样的。当然，官方的承诺是最具有说服性的，能够体现的地方就需要全面去做。

4.3.2 提升评价体验

相关数据统计证明，有 88% 的消费者，在购买产品前，都愿意看一看该产品带有图片的评价，其中 99% 的女性都必看。

已购买顾客对产品的优质评价，对提升转化率的效果非常明显。淘宝的评价排序规则为实时排序；排序的原则，是让最具有价值的评价优先展示在顾客面前。

当然，评价有没有价值，是相对于消费者而言的。对于商家来说，你产品的优质评价越多，越是能够提升转化率。如果你的产品出现了差评，那对于顾客转化率就是致命的。

一个新品如何布局评价呢？

第一，要让评价优先展现。产品评价时间越靠近当前日期，越会加权。

第二，买家等级越高，买家评价的权重越大。

第三，有买家秀或者买家秀视频评价，会加权。

m**4 超级会员

2017-12-14 颜色分类:5KG+G套餐(送玩沙课程表)

宝贝去年开始就一直想让我给他买太空沙，每次路上看到店里有太空沙的就走不动路了，真的是爱到不行了，但是怕把家里弄得到处都是沙子所以一直不想给他买，这次考虑再三还是决定给他买了吧，从告诉他给他买了他就开心的不能自己了，表现好的不得了，一说爱妈妈，又抱又亲的，我也是醉了！到货后那个兴奋呀，看到孩子脸上开心的笑容，就算把家里弄的到处沙子我也不在乎了，大不了我累点多打扫一下了，孩子开心就好啦！每天放学回来第一件事就是玩沙子，爱不释手啊！再说下
展开

浏览 454次　　　　　评论　　3

g**2

2018-01-02 颜色分类:1KG+B套餐(送玩沙课程表)

刚打开，这个沙挺好的没有异味也不染手，宝贝很喜欢。

浏览 32次　　　　　评论　　点赞

陈**8

2017-12-28 颜色分类:2KG+B套餐(送玩沙课程表)

孩子喜欢玩

浏览 85次　　　　　评论　　点赞

美**1

2018-01-03 颜色分类:4斤收纳箱装 女生

沙子很好，一点味道都没有，模具太多了，我把小的都收拾起来了孩子太小还不会玩，就玩大的就行，沙盘挺大的，足够孩子玩的，这些沙子才两盒的，还有两盒没打开，模具没有毛边很光滑，颜色鲜亮漂亮！宝宝会喜欢，淘宝有2,3十的没敢买，就买了这家贵的，孩子玩玩环保的。为了孩子健康，买吧！

店铺　客服　收藏　　加入购物车　　立即购买

第四，字数多的评价、有描述产品详情的评价，会加权。

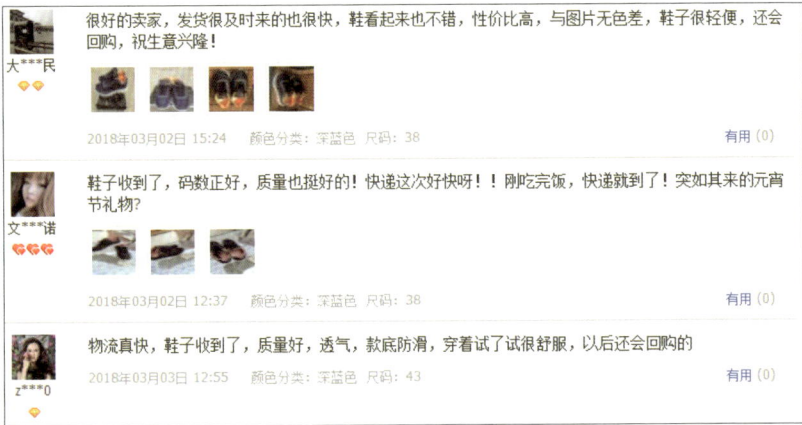

第五，有标题、类目、属性、细节描写、物流服务描述等相关内容的评价内容，会加权。

第六，点赞或者下方评价多的，会加权；追加评价多的评价，会加权；权重越高，你的产品展现越靠前。

第七，详情页默认展现权重高的评价，不过买家秀不会展现出来。

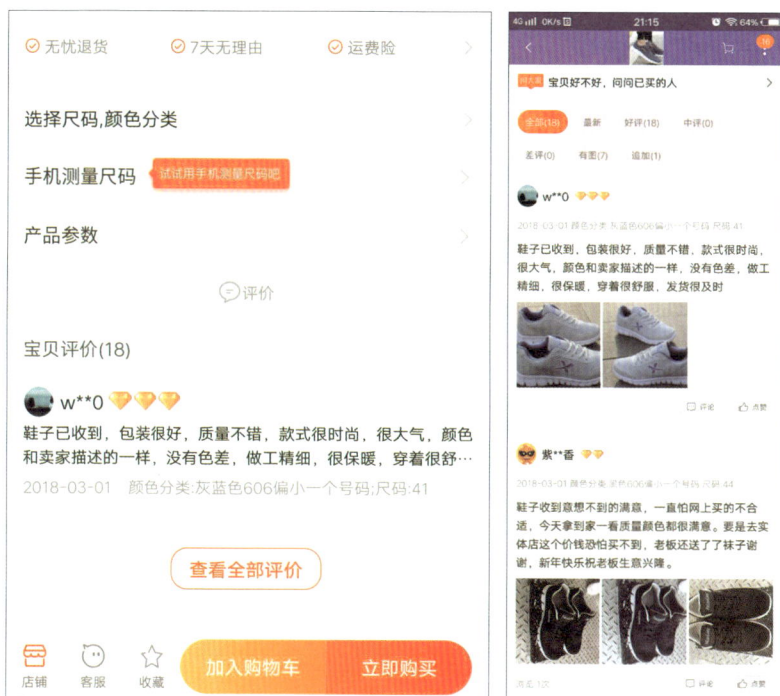

这里我给大家介绍一些买家秀的几种玩法：

玩法一是案例。比如网络搞笑：

比如案例对比:

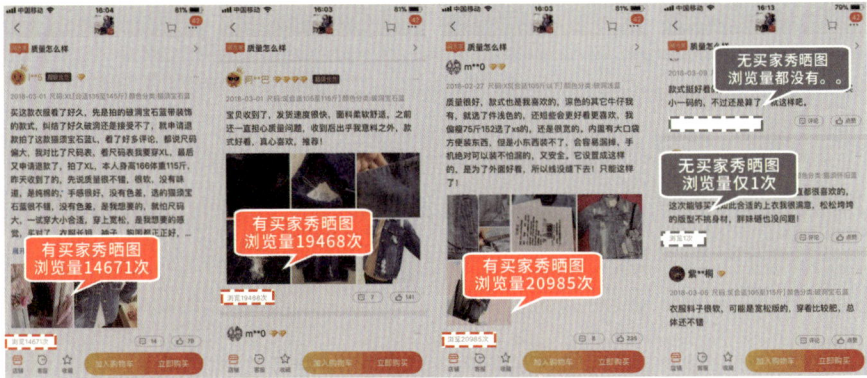

比如自身案例:

玩法二，买家秀视频。

在淘宝网，手淘视频的评价规则是：先审后发。

手淘视频评价，是指消费者在手淘端发布商品评价时，可以上传 15 秒的视频内容。为了把控视频评价的风险，手淘目前实行先审后发机制。

目前，手淘视频功能开放的条件是：

淘气值 1000 分及以上的超级会员，开放以下类目的商品评价：女装（衬衫、半身裙、雪纺）；美妆（睫毛膏、口红、腮红、指甲油、眉笔）；花卉 / 绿植盆栽（新）；婚纱 / 旗袍 / 礼服；轮滑 / 滑板 / 极限运动；玩具 /

童车 / 益智 / 积木 / 模型；牛仔裤。

雷锋侠会员：除部分敏感类目，其他类目的商品都开放此功能。

针对全网用户：宠物玩具；宠物服饰；玩具、童车、益智、积木、模型；水族世界；猫、狗日用品：童装、婴儿装、亲子装。

一个产品的评价布局的最佳时期，是在产品优化初期。产品前期的销量，基本是通过老顾客或者身边的朋友购买获得（大概 20~40 个销量）。

因此，产品初期的购买人群，你是能够把握的。你可以把针对宝贝的问题以及答案全部列出来。比如，材质是什么的？会不会褪色？会不会变形？服务好不好？宝贝质量好不好？

你提出的这些问题尽量是封闭式的问题，比如会不会、能不能、行不行、好不好，这样就算是买家，他们的回答可能是一到两个字，但是你们的操作的可以是长篇大论，比较有说服力的语言。

当然，问题和答案要尽量包括产品属性或者热词。

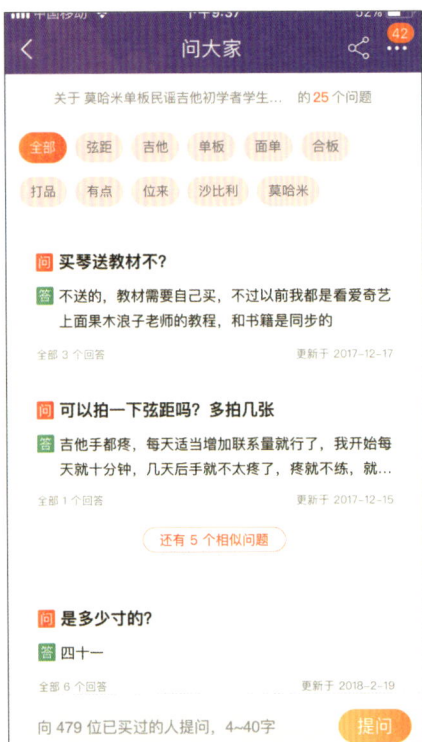

这样，你的产品就容易被置顶，也方便被分类。

同时，你可以回访前期的购买用户，看看他们有没有问题。

操作方法是这样的：入口—我的淘宝—我的回答—我的邀请，问的问题也有回答，但不是 100% 被展示的。

淘宝为什么会有"问大家"这个功能呢？因为淘宝一直做社区化运营，而淘宝平台的商业性质太强，他们出来"问大家"的功能，可以让买家互动。

另外，目前虚假交易产生的评价太多，"问大家"功能可以让买家更好地了解产品的真实性和功能，更好地提升宝贝的转化率。

这个"问大家"功能对店铺的影响很大，因为差不多 80% 的买家都会去看"问大家"的内容，这对于店铺的转化，和评价差不多。

买家回答的问题，可以直接影响到转化率。做得好的"问大家"，对买家体验以及转化都能起到非常大的作用。

"问大家"的基本规则：问题谁都可以问，不管是已经购买过产品的，还是没有购买过产品的，都可以提问。但是问题的回答者，只能是购买过的买家（随机）与卖家。每一个问题会选择 1~20 个答案，回答时会有"已买"或者"卖家"的标签。

那么，如何增加随机抽中的概率呢？可以从这几个方面体现出来：在问答板块的有问必答；购买过的商品评价，或者是产出高质量评价（晒图，视频）；收到货就确认的收货速度（收货速度快）；淘气值高的淘宝顾客；经常混迹淘宝、微淘圈子的用户；真实买家用户概率高。

在"问大家"中，没有回答权限的，就是没有购买产品的人，或者购买了产品却没有被抽中的人，你们可以在评论下面进行评论。一定要记住，回答的字数越多，越有价值，就会出现在第一个（评价系统一致）；在得到回答后可以"回复"或者"感谢"，有很多"回复"或者"感谢"的会加权重；回答的时间越新，展示也会加权重；淘气值高的用户回答也会加权重。

商家要定期检查"问大家"的热门是不是对产品有利。如果你的产品好，本身产生的都是有利的回答，就顺其自然，定期检查即可。如果有出现不好的评价，你就需要想办法去解决。

如何解决出现的不好评价呢？

一是覆盖法：因为系统不会评判好评或者差评，对相同的问题会选择隐藏一些问题，买家一般也不会点开。因此，如果某一方面出现了差评，后期要有更多的好评把那个差评覆盖住。当然，首先你要去了解一下系统规则，什么样的问题与答案会被展现。

二是删除法：如果有人问的问题具有负面性，你可以联系买家或者在下面澄清留言，提问可以自行删除。你也可以直接向淘宝举报，在 3 天内，审核均可删除。

如果被回答的问题有负面性，而这个

问题是自己安排提问的，你可以直接联系回答者或者提问者，然后直接删除问题就好。

如果这个问题不是你自己提问的，你又联系不上回答者，一般5~10个举报就可以搞定，但要注意，需要3天的时间。

"问大家"还有一个小玩法，是出其不意地提问，莫名其妙地回答。

"用户说"提炼。"用户说"绝

对是提升转率化的一大利器。它的操作方式是：打开神笔—右上角—操作
中心—用户说。

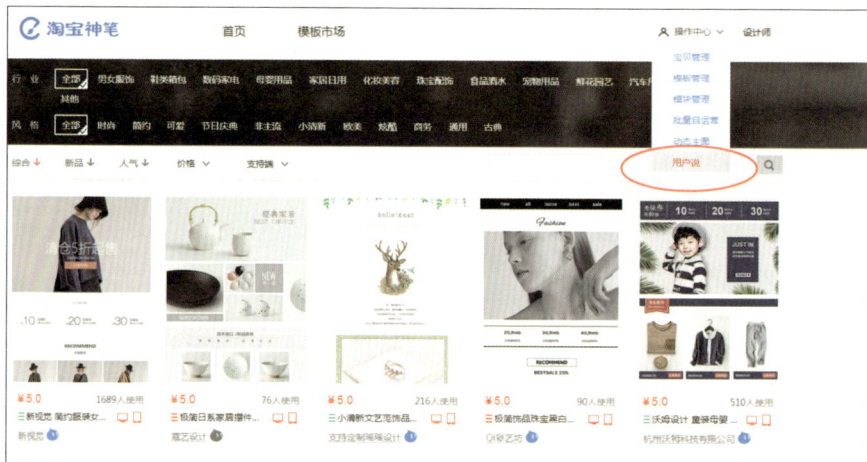

然后选择全部状态，符合"用户说"的都会被展现。

　　点击添加模块，编辑后可以看到买家秀、达人，使用报告可随意切换，选择对应需要的，点击勾选进入下一步。

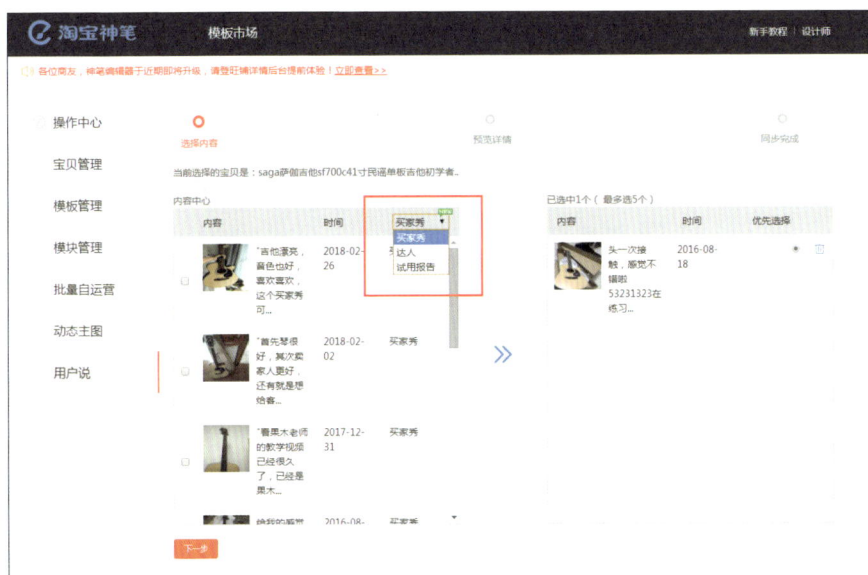

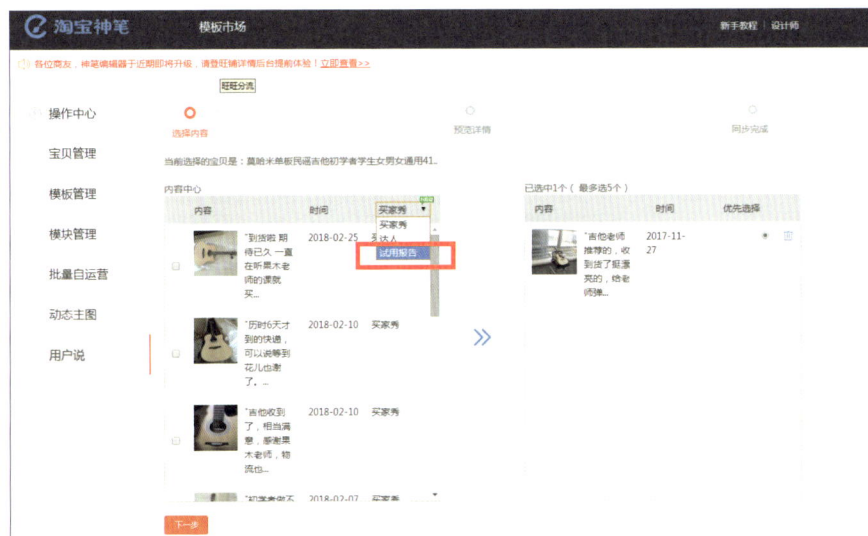

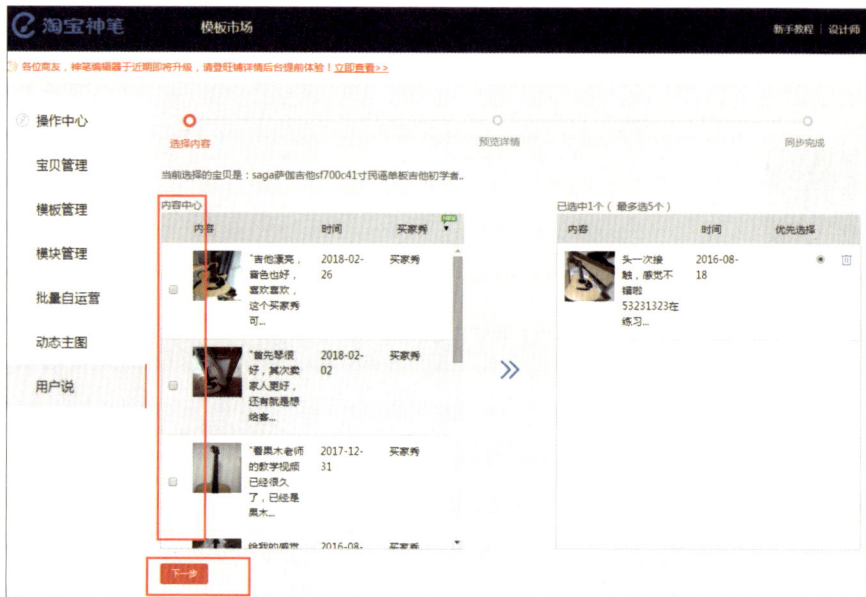

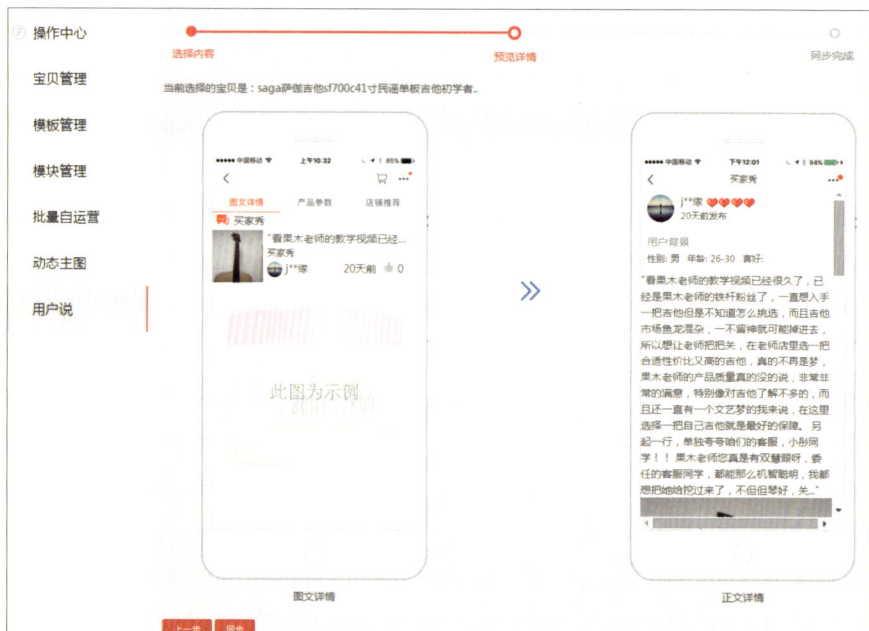

4.3.3 提升聊天体验

如何提升聊天体验呢？

一是要引导咨询布局。

我们为什么需要引导咨询呢？如果顾客对产品有兴趣，然后咨询客服，得到了满意的回答，就能够大大地提升产品的转化率；如果顾客对产品没有兴趣，通过客服的沟通，也可以提升顾客对产品的兴趣。即使顾客最后没有购买，这些顾客也能够转化为我们的流量，变成我们私域的一员。

那么，什么内容会最吸引顾客进行咨询呢？免费送；亏？有套路！

简单玩法是这样的：电商什么最贵？流量，新流量；电商什么最难？新品前期；提醒买家联系客服免费送（配件、小样等等）。

基本套路是：联系客服后，在本店购买任意一件产品就免费送（全店最低的是 9.9 元的、必须加微信、长期有免单任务）；顾客如果不购买，加上微信，每周至少有一次免单活动；累积到微信（长期营销，不怕不转化。短期维护，为新品累积权重，拍 A 发 C)。

那么，除了详情页，在哪些地方提

醒顾客呢？天猫是在这里设置：

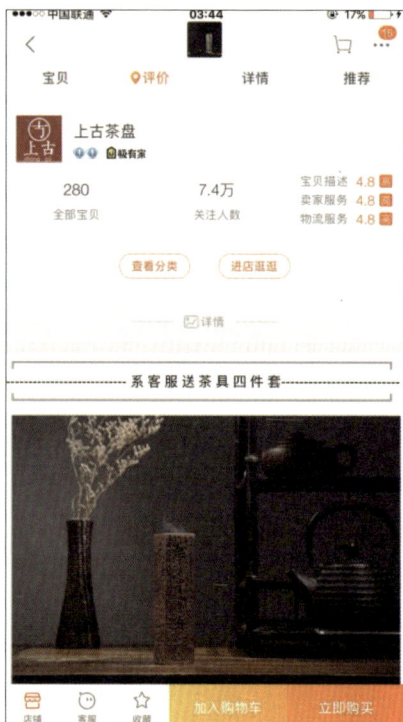

淘宝是在这里设置：

因此，客服的重要性是不言而喻的。我们会发现，只要不是老板自己当客服，业绩就下降非常严重。为什么有的客服能够拿10万年薪，而有的客服只能是一个月领2000元工资？

如何让客服的询单量翻倍？我们需要让客服成为个性化的客服。首先，我们要明白，客服充当一个什么样的角色？我们在前文提到过，首印效果，形象第一。如果客服做得不好，那会直接影响到我们店铺和产品的口碑。

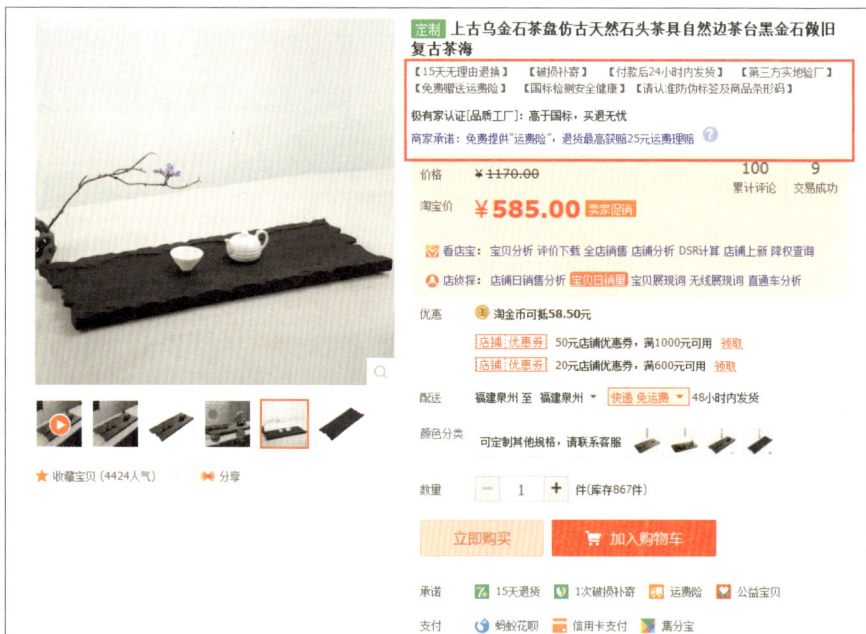

服务质量的提升，我们前文已经详细描述。这里重点解释一下客服沟通的 4 大技巧。如果能完全照做，就让询单量和转化率迅速飙升。

技巧一：个性称呼。

一个小小的昵称，能够改变顾客对你的整体看法。在淘宝我们最常见的称呼是什么？亲，亲，亲。

那你们知道亲的来源吗？淘宝的第一位客服——阿珂，她在发内部邮件的时候，喜欢用"亲爱的们"，后面觉得麻烦，就简称"亲"。后来大家都发现这个词还蛮有意思的，觉得这个词能表达亲切的感觉，慢慢地就成了大家的口头禅。

现在"亲"已经用烂了，再用都没有任何新意。我们需要用另一个有新意的词去代替，务求一次让顾客牢牢记住我们。

比如我们可以把自己称为微臣，把顾客称为女王殿下，这对应的是服务关系。或者是和我们行业相对称的，壶友、车友、旅友等等。

或者我们可以去蹭 IP，如少主、尊上、少帅、三哥、女神姐姐，或者是江湖系列的少侠、客官、兄台、官人，还有花千骨系列的神尊、魔君、妖神、阁主、掌门、上仙、灵虫、护法，等等。

我们要注意的是，我们可以搞笑，可以有个性，但是绝对不能用贬义词。

技巧二：专用表情包。

可以说，表情包是我国的第五大发明，在冷漠的互联网，表情包是促进感情的利器。如果你善于运用表情包，人们就会认为你是一个热情开朗的人，这就是表情包的魅力。

所以，我们要让我们的客服在与顾客交流的时候，多使用表情包。表情与称呼一样，不要去用淘宝官方的表情，要使用属于自己的风格的表情包，搞笑的、好玩的、个性的，等等，这样起到的效果绝对不一般。

专门定制表情包，举例如下：

服务类型表情包，举例如下：

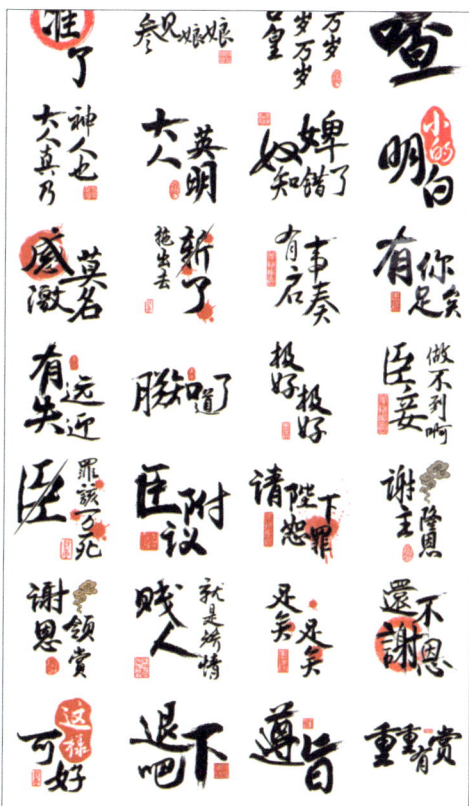

搞笑、斗图表情包，举例如下：

技巧三：自动回复。

根据调查显示，95% 的卖家，都会设置自动回复，而 90% 的买家，是不会去看自动回复的，有的也是一瞥而过。

这是为什么呢？因为 98% 的卖家设置的自动回复都是机器人回复，或者都是广告。如果卖家要打广告，最好是直接在聊天中植入广告，这样最有效果。

因此，我们要设置好自己的自动回复，利用自动回复来提升顾客的购物体验。

自动回复应该如何设置呢?

传统的自动回复几乎都是这样的:亲,您好,在的,很高兴为您服务。请问有什么能帮您的吗?您放心,在您付款之后我们会第一时间为您安排发货,我们承诺在48小时内会把商品发出。感谢您对本店的支持,我们将会用心地为您服务到底!

很明显,这类的自动回复,使得顾客体验非常差。

设置的自动回复要有创新,要把自动回复设置成不像自动回复的自动回复,尽量有多变性,有创意,有特色。

自动回复要简练,不要太长,恭维的话可以多点。

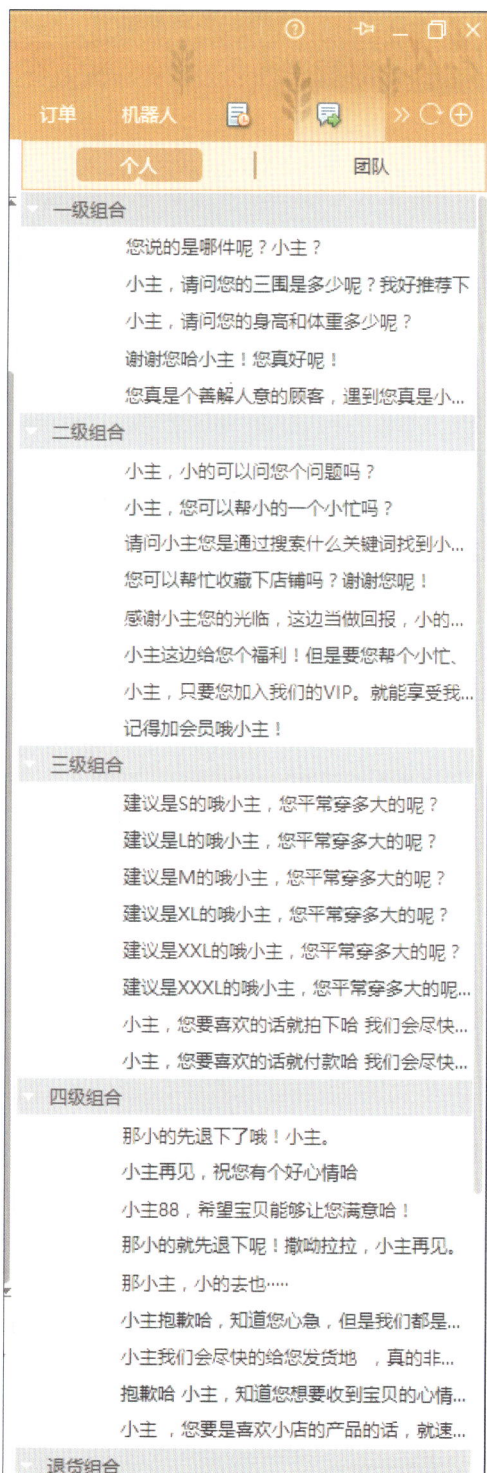

可以设置成机器人半自动回复，这样能够为我们节约很多时间。切记不能设置成全自动机器人回复。因为全自动直接回复，系统不会提醒你有买家咨询，半自动回复系统才会提醒。

机器人半自动回复的设置流程是这样的：

技巧四：互动服务窗口。

互动服务窗口指的是电脑与用户之间的交互平台，可以实现人机对话，也叫作互动窗口平台。

互动服务窗口是在这里展现的：

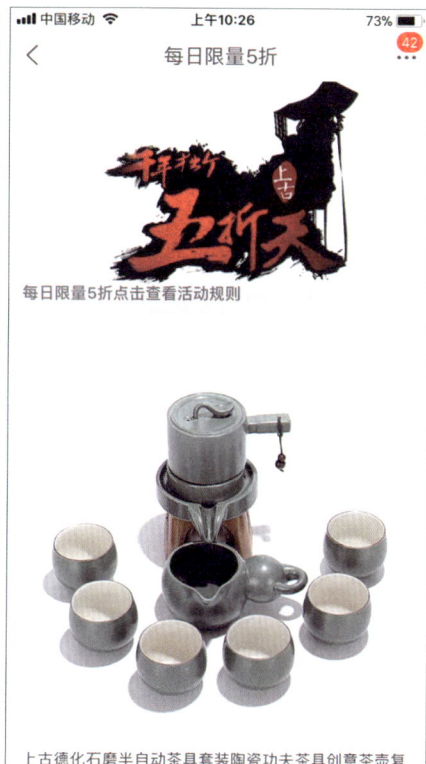

上古德化石磨半自动茶具套装陶瓷功夫茶具创意茶壶复

互动服务窗口这样设置：

要提高服务的质量，除了让客服掌握一些好的服务技巧，还需要建立一套考核技巧与薪资体系，这样才能充分调动客服的工作积极性，更好地为顾客服务。

即使用了以上的方法，客服也使出了全部的能力，可能还是会遇到一些难缠的顾客，顾客会对你的服务感觉不满意，态度恶劣得让你受不了。比如，有的顾客是让你降价，不降价就是不付款。那客服应该怎么办呢？

方法一：装可怜。小主，我只是一个客服，您看您和我也聊得这么开心，实话告诉您，这件衣服的确还可以便宜 5 元，但是这 5 元是我的提成，如果给您便宜了，那等于是我个人给您的。要不这样，发货的时候我给您多放点小礼物，价值不止 5 元，您看可以吗？

方法二：套餐搭配型。其实有时候，很多顾客并不是在乎那点钱，只是有一种占便宜的心理。对这样的顾客，我们可以采取套餐满减，或者满两件送一件，或者满多少钱就送精美礼品等。当然，在这个过程中，需要我们客服全程站在顾客的角度去帮顾客选配。

我曾经有一次在网上买酒，卖家的条件是满 1000 元减 300 元，我为了占 300 元的小便宜，结果多花了 1000 多元。

方法三：保证满意型。主上，我们家的宝贝绝对让您满意，我们对产品和性价比有绝对的信心。如果您对我们的产品不满意，我们可以承担来回运费，而且这次会送您价值 20 元的精美礼物；如果您对产品不满意，这个小礼物就作为给您的赔偿。

对于中差评，客服应该如何处理？客服前面所有的工作都做了，但是也要防止有顾客给你的产品来个中差评。这样的问题，客服应该如何解决？

建议直接打电话给顾客，要拿出客服的素养，问清顾客给中差评的原因，真正帮助顾客解决问题。其实中差评问题的解决很简单，把问题阐述清楚，接受任何解决方式。因为一条差评的负面影响，绝对大于这件产品本身的价值。

另外，对于每天平均 20 单以上的店铺，催付绝对可以提升 30% 的成交。很多卖家不注重催付这个细节，我给大家一个公式：如果每天有 50 个顾客没有付款，每月就有 1500 个。如果客服催付了，一般能够转化 50% 的顾客付款，那每月就多出 750 单，每单按照 20 元利润算，每月多出的就是 15000 元利润。

催付其实没有什么特别的。

1.告诉顾客，他的产品忘了付款呢；

2.如果现在付款，可以便宜或者送价值 ×× 的礼品；

3.打消他的任何疑问，如售后等问题。

可以用旺旺沟通催付：每天定时用旺旺回访过去。

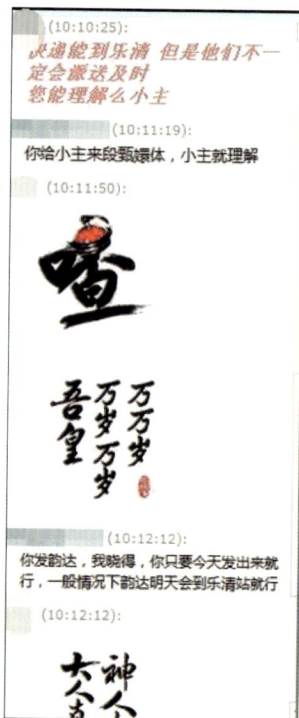

可以用短信沟通：先要告诉大家，短信的效果会比较差，一般情况下不要用短信沟通。除非大促订单比较多，才会直接用短信催付。有一款软件可以操作，叫一键催付。

直接电话催付：电话直接沟通成交率会比较高，因为语音传递感受才是最直接的。不过如果电话沟通，人力成本会大大提升。

在我们齐论，一直提倡客服用语音和顾客交流。

还有，顾客有询单而没有下单的情况，就需要客服及时跟进。只要有顾客询单，就证明顾客对我们的产品有购买意向，只是可能因为种种原因没有付款。

如果是价格原因，这个时候我们需要衡量一下，如果不亏本就直接同意。这样就能多出一个销量和一个私域用户。在聊天时，发现没有下单的，客服都要先标星，然后有合适的机会就需要去回访。

4.4.4 提升服务体验

我们可以从以下几方面的小细节做起，来提升服务体验。

第一类：快递包装。

大家收到最差的快递包装是什么样的？如果

体重：6公斤　　　　身高：160厘米　　　　色差：无色差　　　　是否合身：刚好

可以说这是本人今年来，最满意的一次购物了，我勒力去，店主小弟服务到位，嘎嘎好，姐是东北人，就喜欢痛快的人，热情的人，衣服质量嘎嘎的，颜色也很正，大小正好，穿着有气质，没有线头子啥的，公寓有个女生也穿，竟然是布料的，都是褶子。我妈说这家店的感觉是纱料和亚麻料结合的，也稀罕了，因为急着穿，店主主动帮忙联系的顺丰，第二天就到哈尔滨了，太牛了，还有小礼物，一封长长的信，哈哈哈，我妈都给好评了。再次感谢店主孙小弟的全程优质服务。

[追加评论]相由心生，谢谢119哥给的笑容给的温暖，生日这天穿着这件衣服在哥哥的陪伴下去考驾校科三，下午带着哥哥逛哈尔滨的中央大街，游览的松花江的夕阳之美，24岁的生日变得不同寻常，从来没发自内心觉得自己美丽，这次我是真的觉得自己就是最美的最幸福的。希望的幸福给那些正在踌躇和消极的你些许鼓励，加油，如果觉得适合就努力的争取自己想要的吧，不然错过了就错过了，不论是衣服还是人。女人爱生活，就爱自己吧！

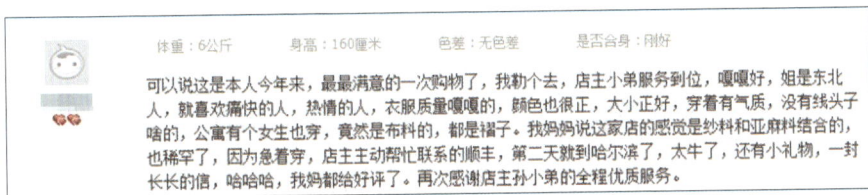

你们收到下图这样的包装，心里会是什么样的感想？是不是不看产品，不管产品好坏，只想给个差评？

即使我们没有定制专门的属于我们自己的包装盒，即使我们是找厂家代发货的，我们也可以加一元换成飞机盒包装。这是必须要做的，既然要做，就要做到让顾客感到惊喜。

第二类：小礼物。

什么是惊喜？当你收到快递，打开包装，看到卖家送了一件小礼物给你，这种惊喜是最直观的。

每个人都喜欢收到礼物，意外惊喜能让顾客有更好的购物体验。如果卖家把小礼物用得好，就能够用最小的成本大大提升服务体验，让顾客不自觉地帮

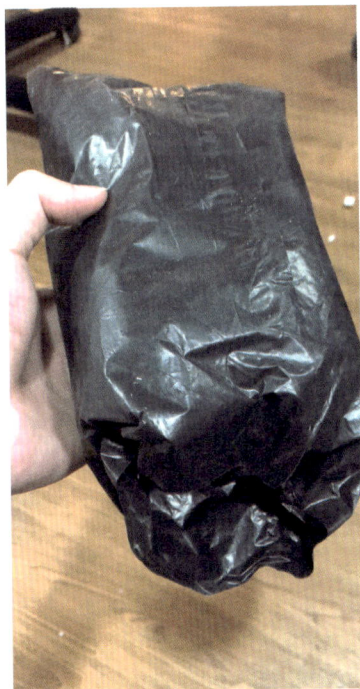

我们宣传品牌。

小礼物之个性小礼物：三只松鼠，通过赠品打爆 IP。

小礼物之手写信：信封要好好设计，信封上可以标有老鹰标记，寄信地址是"联邦调查局"；也可以写上浙江马云给您的信，香港吴彦祖给您的信，台湾林志玲给您的信等等。当然，不能直接用名人的名字，要处理好细节。我强烈推荐白纸黑字的手写信。

小礼物之刮刮卡抽奖：我们可以设置各个奖项的礼品，比如：特等奖，免单；一等奖，10 元现金；二等奖，3 元现金；三等奖，10 元优惠券；四等奖，流量 10M。

小礼物之奖状：我们可以设置最好买家奖、最优买家奖等。

第三类：周边产品。

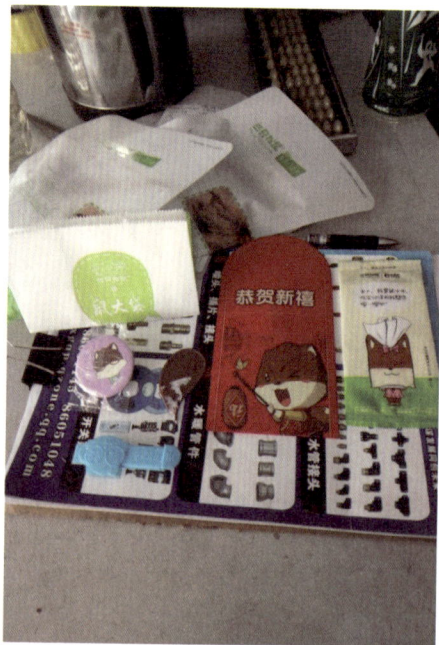

中小卖家，可以开发自己产品的周边产品进行同步销售。

如果你的产品单价低，你开发的周边产品的成本就相应地低一点，比如徽章、纸巾等。如果你的产品单价高，开发的周边产品的成本可以高一点，比如移动电源等。

亲爱的买家：

您好呀！感谢您在百忙之中抽空浏览这封信啦！当然了，也要多谢您的信赖，选择了小店！

请您收到宝贝后，仔细检查一下，是否由于我们的疏忽给您发了有瑕疵的宝贝呢？或者说，宝贝在其他方面没能达到您的预期，其实个人的手机、电脑的显示图像色泽是不一样的，些微的色差可能令您不满意，也可能是快递速度慢了，快递小哥不友好的态度影响了您的心情。在此，我真诚地向您道声"对不起"！我们像许多卖家一样，会担心自己哪里做得不好，但我们也是会努力改进的哟！

如果有什么问题记得咨询我们哦！千万不可以冲动之下给中差评呀！如果您对我们的服务还满意的话，帮我们打上5分好评吧！！！感激不尽！！！

最后，祝您生活愉快、幸福安康、合家欢乐！

小店：

亲：

　　请您抽出一点点宝贵的时间看完小店给您的亲笔信。谢谢。

　　亲，非常感谢您对小店的支持与厚爱。您的好评对小店非常非常的重要。如果您收到宝贝有任何不满意的地方，一定不要轻易就给中评或差评，请先联系我们，与我们沟通，给我们一次改进的机会，我们一定会服务到您满意为止。

　　亲，关于快递，每个快递公司都不同，有的地方会很快，有的会比较慢，快递公司属于第三方服务公司，是小店无法控制的，要是派件员服务态度差，请先联系我们，我会帮您投诉，希望您对我们公平点，不要给中差评哦，希望您能多多谅解，谢谢。

　　亲，任何一个中差评对小店的影响都很大的，请您一定要给好评，全5分哦，谢谢。

　　亲，最后祝您身体健康，幸福美满，每天都有好心情 ^_^

　　　　　　　　　　　　　　　　　　　掌柜 敬上

第四类：小营销。

我们可以让顾客合影晒图＋朋友圈集赞，送粉丝一些礼物。这个礼物，价值要高，效果要特别好。

我介绍一下我们齐论教育每月最佳买家秀是送什么礼物。

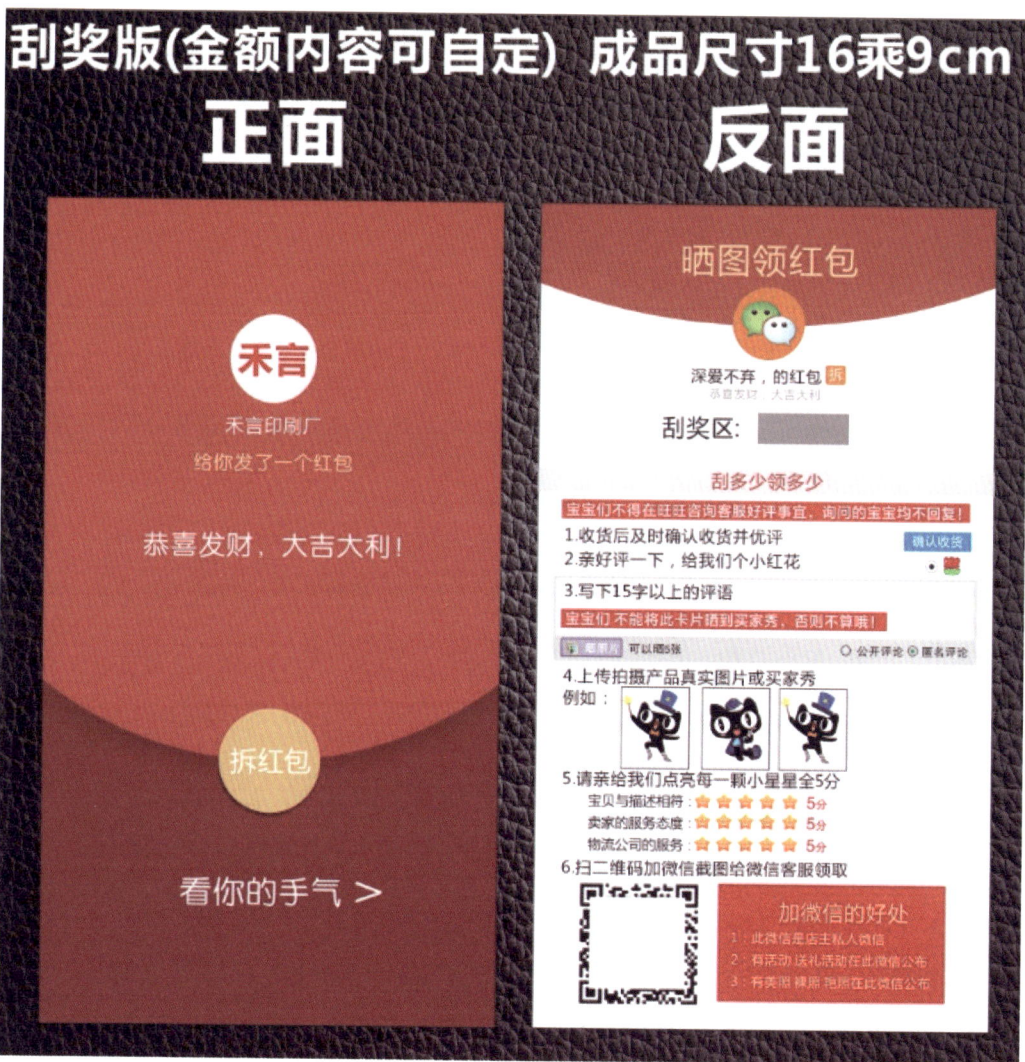

我们给顾客发送了这样一条短信：续费就送，5本书+讲师签名照片+超大鼠标垫。

当你收到这样的消息，你会晒朋友圈吗？如果不会，就再加一个游戏：收到后，集赞能获得讲师的签名书。

第五类：故意发错货。

如果顾客在你家店铺买一件A产品，发货的时候除了发A产品，可以再多发一件B产品。这个B产品质量要好，官网标价要贵，但实际成本不要太高。

发完货后，主动联系顾客，告诉顾客说：对不起，我们把包裹搞错了，为了给你减少麻烦，节省时间，发错的这件产品就送给你了，希望你满意，下次有需要还请来我家店购买。

如果这样的事情发生在你身上，你会不会记住这家店呢？我想你肯定会有深刻的印象。

第五章

得私域者
得天下

—— 章 节 导 读 ——

私域最好的运营平台。

5.1 把微信作为重点私域平台去运营

5.1.1 为什么要维护好私域顾客？

目前，淘宝越来越强调内容化和私域流量，淘宝店主在拼资源、拼资本的同时，更拼起了自己的流量。

淘宝店主把一批买家，也就是自己的顾客资源，转化到自己的微信顾客端，在微信端做顾客维护，提高了对老顾客的服务质量。反之，老顾客的维护，对强化店铺和产品的人群标签，又起到至关重要的作用。

当这些老顾客需要购物时，不需要上淘宝，直接通过微信就可以进到店铺购买，这就是私域流量和私域顾客。

维护好私域的顾客，意味着卖家拥有了一个强大的、能自己控制的用户池。

这样就不会被平台所绑架，将来就算脱离平台，也还可以日出百单。

维护好私域的顾客，意味着卖家拥有了一个高复购率、高客单价的用户群体。

大家都知道，老顾客的复购率以及客单价普遍高于新顾客。

维护好私域的顾客，意味着卖家拥有了一个能够用来操作新品前期销量的用户群体。

只要你营销做得好，就不用怕新品在销售前期没有销量。

维护好私域的顾客，意味着卖家拥有了一个免费的测款、测图群体。

我们可以通过老顾客进行测款、测图。

维护好私域的顾客，意味着卖家拥有了一个高质量的买家秀群体。

大多数的老顾客都已经懂得了淘宝、天猫的相关规则，买家秀绝对没有问题。

维护好私域的顾客，意味着卖家拥有了一个免费帮自己宣传、引流的群体。

大家都知道，产品的口碑传播，效果是非常明显的。

维护好私域的顾客，意味着卖家拥有了一个好评率高的买家群体。

一般情况下，只要是二次或者多次购买的回头客，基本都是认可并支持你产品的顾客，一般不会给差评。

5.1.2 私域需要满足的 4 个条件

随着电商平台的发展，越来越多的卖家开始注重粉丝对其店铺的影响力，涌现出不少在"粉丝经济"上玩得转的卖家。

他们通过运营私域，已经开拓出了一条自己的私域发展之路，并且在激烈的竞争环境下突出重围。

淘宝网鼓励卖家重视私域和粉丝运营，平台也在不断完善私域工具，并帮助卖家掌握私域运营的技能，真正赋能卖家找到新的流量和成交增长点。

卖家最熟悉的微淘内容页就是典型的私域。卖家可以自主发布微淘内容，粉丝可以点赞或评论，卖家可以回复，与这些粉丝互动。

除此以外，直播间、群聊、店铺承接页等，也都是卖家的私域。

那么，私域流量应该满足哪些条件呢？

一是流量是我们可以掌控的。在私域内，只有我们自己产品的内容，这个流量是我们能自己掌握的。

二是这个平台是顾客经常使用的。只要顾客关注了，我们就可以和顾客打交道，进行沟通。

三是可以与顾客交互，能强制性交互。我们要让顾客记住我们，要让顾客在有需求的时候第一时间就能想起我们。

四是买家购买意向明确。一般顾客是在淘宝购买产品，除非我们的产品本身就有优势，不然很难养成老顾客。所以我们需要去圈粉，需要把顾客变成粉丝，成为属于我们的资源。

5.1.3 为什么选择微信作为重点私域平台？

私域，是属于自己的平台，我们可以自己去掌控流量。淘宝上的流量，它只是属于公域，它是属于外部的，不是我们专有的。

在私域内，只能有我们自己的内容，顾客购买意向非常明确。只要买家关注了这个平台，这个平台是顾客经常使用的，这就是私域。当然，我说的这些不是指微淘，也不是指群聊。否则，你的私域就没有效果。

这就是私域的共性。如果没有这个特性，你只是把顾客圈到他们不常使用的一个地方，那没有作用。

这就体现出微信平台的优势了。

2011 年 1 月份，腾讯正式推出了微信，当时官方给其定义是"更快速的即时通信工具"。发展到现在，微信已经成为人们生活、办公、消费、娱乐一体的必备工具。

2012 年，微信开通了"朋友圈"功能，为微商的发展奠定了基础；2012 年 7 月，微信推出了微信公众平台，开启了微信的商业化进程，由此，微信展开了"社交＋营销"的新模式。

微信的社交属性，是它的最大亮点；微信营销价值的显现，则与微信朋友圈及微信公众平台紧密相关。

微信朋友圈和公众平台，为各商家和企业的信息传播，打开了通道。而微信巨大的用户基数、用户黏性和活跃度，为各商家和企业的创意营销提供了平台基础。

微信平台的强大，不是说微信的功能强大，也不是说微信有多少的功能、多么牛，而是指微信平台的使用率高。

微信的用户多，用的人多，用的频率高。

如果你想模仿、复制一个跟微信一样功能的软件，这非常简单，好多公司都能做到。

但问题是，你的软件上面没有用户。

所以，一定要记住，我们要把顾客引入的私域，一定是他经常使用的。

所谓经常使用，就是我们可以与买家交互，而且是强制性交互。

如果你现在把你的私域搭建在微淘上，那也可以，对目前你的店铺有好处。但是反过来想一想，你们多久才会去看一次微淘？

一定要记住，除非我们本身产品很有优势，否则很难在淘宝直接养成老顾客。

在微信里，大家有没有发现，你建一个微信群，然后有人在你的群里，每天就是抢红包，什么也不做，抢了红包就跑。甚至，还有人用软件在群里抢红包。

为什么有人抢了红包就跑？

说明他们不是我们的私域流量。

我们需要做私域流量，我们需要去圈粉。要想把这些粉丝留在我们的私域，就需要努力把这些粉丝变成我们的忠实顾客，变成我们的忠实粉丝。

只有把顾客变成粉丝，这些资源才属于我们。

然后，我们从他们身上进行深挖，让他们能够给我们产出长期的利益。

想让顾客成为粉丝，我们就必须去和顾客交互，就需要让他们记住我们，需要让他们有需求的时候能第一时间想到我们。

5.1.4 擅用微信的 3 大营销价值

微信的到来，可以说开启了微营销时代。

连马云也曾经说过，"我开始害怕微信了"，而这也从侧面印证了微信的巨大营销价值。

微信的营销价值包括社交价值、自媒体价值、数据价值等。

第一，擅用微信的社交价值。

社交属性，是微信最大的特征。微信的社交价值，是最为人们所熟悉的。

微信的定义就是"更快速的即时通信工具"。通过微信，人们可以与亲朋好友沟通聊天。微信红包、朋友圈互动、微信群等活动，既满足了用户之间的关系维护，又体现了微信的营销价值。

另外，微信公众平台实现了商家与顾客一对多的沟通交流。商家利用微信公众平台，可以对自己的用户进行分类、标签和管理，从而形成一个自己的内部平台。

微信平台的社交价值的优势在于，商家的营销活动设计，可以针对不同的用户群，缩小目标群体的范围，提高营销活动对重点人群的影响和转化率。

第二，微信平台的自媒体价值。

微信平台是各商家和企业开展营销的必备工具，是他们宣传和传播的重要渠道。以前，商家和企业宣传，一般都借助于电视和网络等传统媒介。而现在有了微信，商家和企业可以全面使用多媒体功能进行宣传和营销。

语音、视频、图片、表情等多种自媒体方式用于宣传，有利于让用户去主动分享，扩大企业品牌的影响力。

第三，擅用微信的数据价值。

各商家可以利用微信举行线上线下活动，根据活动效果进行各类数据分析，利用数据库对用户进行差异化分析，对用户进行分类管理，和用户进行互动交流，锁定自己的目标用户，培养自己的潜在顾客，提高老顾客的转化率。

利用微信平台对顾客进行数据化管理，也有效降低了商家的运营成本。因此，现在越来越多的商家和企业都来利用微信平台做营销。

在移动互联网的推动下，传统的营销思路的局限性越来越突出。各商家只有改变自己的营销思路，利用新平台的营销价值，才能在激烈的互联网营销中不断地发展壮大。

5.2 如何把淘宝顾客直接引流到微信？

5.2.1 引流微信 10 个步骤

下面我们来分享把淘宝顾客直接引流到微信的方法：

（1）准备一个专门用的手机和微信（不建议是刚刚申请的）。

（2）手机下载一个 APP——QQ 同步助手，先预存几个号码然后同步

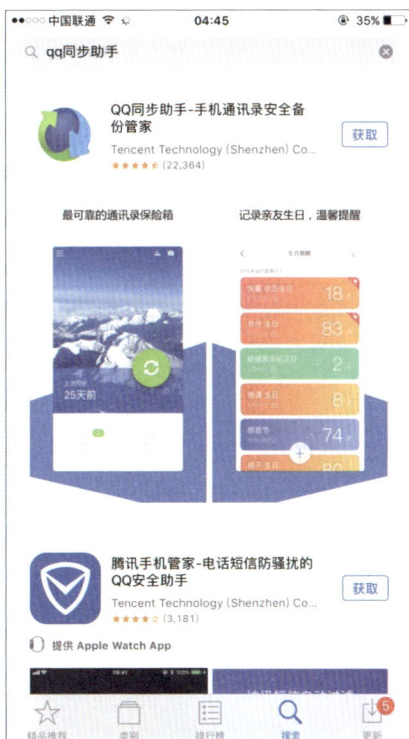

一下。

（3）电脑网址为 https://pim.qq.com/（百度搜索 QQ 同步助手）。

点击"我的资料库"。

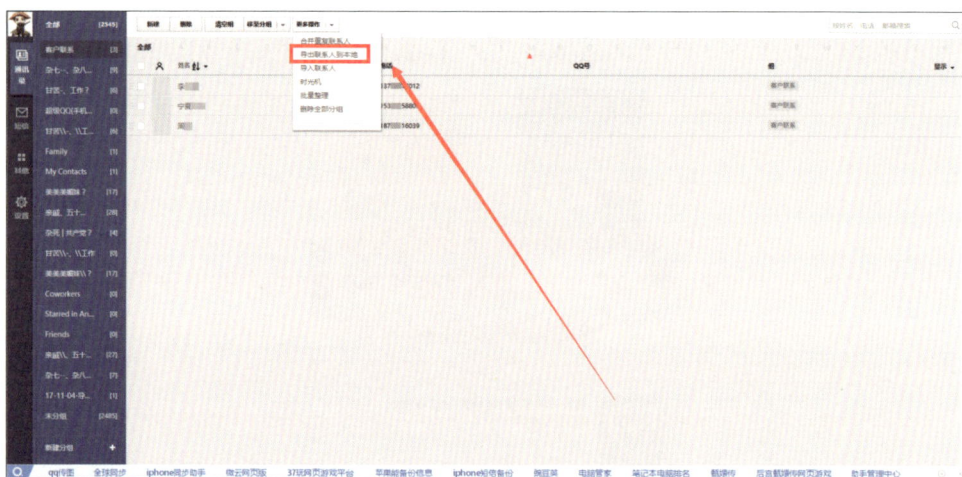

（4）点击：更多操作——导出到本地。

（5）选择 CSV 格式——用于同步到账号，密码一般为登入的 QQ 号码。

（6）打开表格——删除掉之前是数据——留下第一行。

（7）打开淘宝后台——已卖出的宝贝——导出订单。（请对真实姓名、电话、地址做一些处理，直接发布涉嫌泄露他人隐私。）

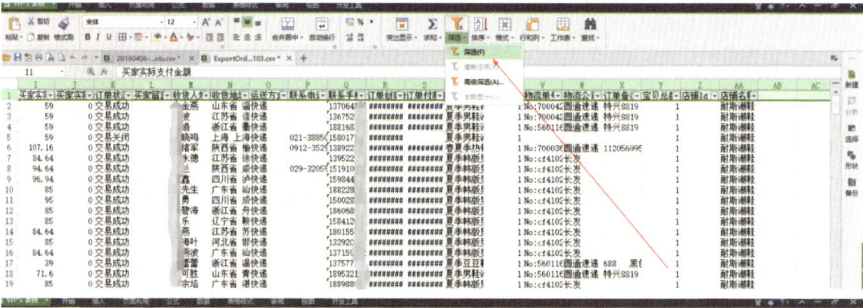

（8）去掉非真实成交。

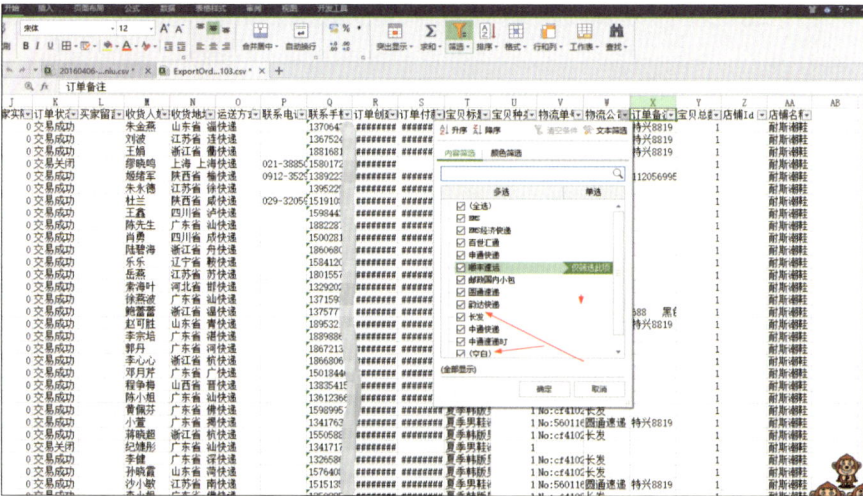

I J	K	L	买家留	M	收货人姓	N	O	运送方	P	联系电话	联系手机
买家实	买家实	订单状			收货人姓	收货地		运送方	联系电话		联系手机
59	0	交易成功			金燕	山东省	福快递			137	7550
59	0	交易成功			波	江苏省	连快递			136	1566
59	0	交易成功			娟	浙江省	福快递			188	3743
107.16	0	交易成功			绪军	陕西省	福快递	0912-3529	138	5887	
39	0	交易成功			蕾蕾	浙江省	福快递			137	1019
71.6	0	交易成功			可胜	山东省	青快递			189	6188
59	0	交易成功			萱	安徽省	腾快递			134	1313
59	0	交易成功			小敏	江苏省	南快递			150	0700
59	0	交易成功			汝玲	安徽省	安快递	0556-7916	139	6988	
59	0	交易成功			玉峰	广东省	南快递	0763-3216	189	3057	
118	0	交易成功			彦睿	山东省	济快递			152	7538
53.64	0	交易成功			明吉	山东省	吕快递			150	9541
79.6	0	交易成功			智文	广东省	深快递			138	4141
108	0	交易成功			银好	广东省	江快递			159	3247
59	0	交易成功			繁荣	河北省	快递			150	1738
69	0	交易成功			庚	新疆维吾	快递			187	1977
71.6	0	交易成功	圆通快递		花	山西省	快递			182	8718
112.8	0	交易成功			浩	安徽省	秦快递			132	1561
59	0	交易成功			海丰	河北省	快递			150	2211
59	0	交易成功			秋容	安徽省	六快递			137	4703
60	0	交易成功			安云	贵州省	六快递			139	7556
63.64	0	交易成功	颜色款式1		长银	陕西省	快递			138	1318
58.46	0	交易成功	亲，早点?		芸芸	广东省	快递			137	8507
69	0	交易成功			万丽	贵州省	势快递			135	0875
59	0	交易成功			挺	辽宁省	快递			186	9801
59	0	交易成功			双	北京市	北快递			151	8302
59	0	交易成功			春兰	湖北省	随快递			150	4056
107.64	0	交易成功			继永	安徽省	快递			183	9601
53.64	0	交易成功			子洛	浙江省	金快递			150	5210
59	0	交易成功			先生	江苏省	维快递			180	8312

（9）把旺旺、号码、真实名字复制到刚刚的空表格，要注意是否对称。

A	B	C	D	E	F	G	H	I
姓	名	移动电话		商务电话	住宅电话	无绳电话	其他电话	单位	部门
货人姓名	买家会员名			宝贝总数量				
金燕	露百合9	13706437		1				
波	ghaitianyi	13675241		1				
娟	月谷公主	18816813		1				
绪军	ing138922350	13892235		1				
蕾蕾	蕾18605	13757771		1				
可胜	odike620103	1895321€		1				
萱	ng华萱	13417631		1				
小敏	xiaomin1208	15151350		1				
中全	月伞滴孩子121	13966406		1			口	
汝玲	hhq80	18926632		1				
玉峰	衣卿0	15206777		1				
彦睿	显有你870913	15035819		1				
明吉	gmingji77	13853374		1				
智文	rzmy	15920503		1				
银好	衣恋19	15089831		1				
繁荣	enix4123	18732481		1				
庚	39545737	18299908		1				
花	9990228	13283571		1				
浩	nghao_5316	18715081		1				
海丰	下了承诺1	15041652		1				
秋容	ngqiurong77	13750904		1				
安云	待与你同行fay	13985377		1				
长银	eeperzilch	13891551		1				
芸芸	tty小芊芊	13798108		1				
万丽	o卡哇伊	13595910		1				
挺	小白鲨	18640189		1				
双	17186_22	15101518		1				
春兰	乳love	15071654		1				
继永	继永	1835E100		1 1.51E+10				

（10）保存上传——手机同步——微信同步即可。

对方手机显示的是——对方通过通信录添加——您可以写明是某某店掌柜邀请免费获得什么，微信加的时候直接备注他们的名字，否则不容易通过。

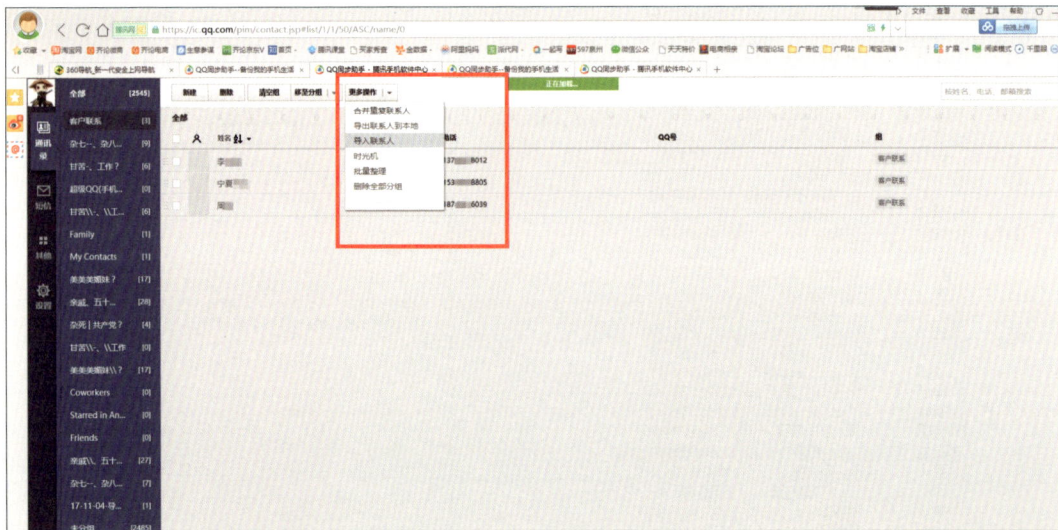

5.3 高效引流的 10 个方法

通过以上种种布局，我们提升了顾客的购物体验，同时也推出了我们商家直接有效的宣传促销活动，提升了我们产品和服务的知名度，拉大了我们的顾客群，然后，就是要引导顾客进入我们的私域。

我们可以通过以下 10 种方法，引流顾客到我们的私域。

5.3.1 首页提醒

我们可以在店铺首页放上自己的微信二维码，以此来引导流量进入我们的私域。不过，这种方式引入的流量不会很多。

如果你还没有感受到，那一定是没有关注我的微博或微信

不来骚扰还算什么爱人

扫描会有特殊服务，关注了也不会变二，放心加吧

5.3.2 详情页提醒

在卖点、详情页首页等处去提醒顾客，然后把顾客引入私域。

我们可以做一张首图海报图片，很简单的一张就好，图片方方正正正的，上面阐明：成本店会员，可以获得 1、2、3、4 等会员福利。要突出中心。也可以写联系客服，能获得什么礼物等。使用这种方式，各商家要根据自己的条件去设置。

海报上面要让顾客一眼看清楚，如果他成为本店会员，就可以获得 ×× 福利。如果我们的福利足够吸引顾客，他就会主动联系我们的客服。

5.3.3 进店后提醒

我们从顾客进店开始，就要给顾客营造一个良好的购物氛围。在卖点、详情页首页等处，让顾客能看到你的引流方案。

5.3.4 买家秀的地方提醒

买家秀如何引导顾客加微信号呢？这里是指我们自己操作的买家秀与评价。这个地方的曝光最高，所以我们从买家的角度去做引导。

5.3.5 做营销的时候提醒

所有的促销，营销活动都需要来微信沉淀一下，可以把顾客引流到微信。这也就是叠浪，所有的活动，都要关联着去做。

5.3.6 客服询单的过程中提醒

在前文中，已经列出了作为一名客服需要掌握的基本常识，如果都能学会，我们的客服就基本上能够做到让顾客非常满意了。

实验证明，如果让顾客给我们手机号，他会有防备心理，而如果只是让他加微信，成功的概率就要高得多。

5.3.7 催付的过程中提醒

如果客服在与顾客聊天的过程中，没有添加到顾客的微信，可以在催付的过程中去提醒。

比如，我们可以问：大王，您是否加了我们老板的微信呢？没有吗？您这边可以加下老板的微信，可以免费成为本店的 VIP 用户，您付款后我们会备注是 VIP 购买，发货的时候会送您精美小礼品哟。

5.3.8 买家收到货的时候提醒

可以在手写信中写明，送刮刮卡、返现小卡片等。要记得做备注，旺旺、微信同步备注。同时，刮刮卡、返现小卡片上都要写明加微信。

返现小卡片吸引进来的顾客，一定要维护。如果他们就是冲着那返现的 3 元钱加你微信的，你去深挖他的价值就比较难。很多人加了你的微信，领了你的返现钱，然后就把你删除了，因为你对他们而言没有利用价值了。

我们需要的是让顾客真正地认可你，加了微信后要用心维护，我们要让他们记住，而不要只做表面功夫，简单地做一个返现卡，签个名字，引来的流量也不管，这叫不走心。

一定要明白，我们相比微信的优势是自己有店铺，有店铺做背书。我们虽然是做微商的，不是做微信的，但是我们要走微信的那个套路。要学会用微信养熟粉丝。

5.3.9 通知买家物流信息的时候提醒

只要和顾客有接触，如果顾客还没有加微信，就一定要尽量转化。

比如在我们缺货的情况下，需要和买家电话联系，可以送顾客 VIP 会员资格，然后加微信把实际情况告诉买家。

5.3.10 修改中差评的时候提醒

一般情况下，只要添加过微信，有过沟通的顾客，不会轻易地给产品中差评。如果发现有中差评，要先看看有没有添加微信。如果没有添加微信，在搞定这个差评的同时，也让顾客加个微信，可以送顾客返现，也可以送礼物。

只要是我们能够和顾客接触的地方，我们都需要去做，都可以去引流。

5.4 做好私域流量后期服务

把顾客引入我们的私域，要做好后期服务。当然，购买了我们产品的顾客，更应该做好服务。

方法，其实都是一样的。

让顾客帮忙做一件力所能及的事情，例如收藏、加购、点赞、评分，借此给他一个福利，无论消不消费都升级为本店 VIP，下次消费可以享受几折福利，专属 VIP 服务群，等等。

把 VIP 的福利放大，加入各种营销但是门槛很高（展现在外面），但是所有顾客我们都告诉他今天正好有几个名额可以让他免费成为 VIP。

在过程中每个客服都有专用微信，而这个微信的角色一定要是老板，而不是客服。

客服需要把微信针对的旺旺备注好，甚至在微信的标签注明是什么时候加上的。

5.4.1 给顾客服务的诚意

顾客就是商家的"上帝"，顾客就是商家的"衣食父母"，顾客能够为我们商家带来利润。

要与顾客建立良好的关系，就要对顾客有个正确的认识，正确理解员工与顾客的关系，掌握顾客的心理才能与顾客沟通。

首先，要正确认识顾客，尊重顾客。

要注意服务细节，语言表达避免出现误会；要充分理解、尊重顾客，满足顾客的需求；对顾客我们不能苛求，而要抱有一种谅解、宽容的态度。

其次，要明白，顾客是我们服务的对象。

我们服务人员，也就是客服，是"服务的提供者"；而顾客，是客服"服务的对象"。客服无论如何也不能去"气"自己的顾客。

道理很简单，就像顾客来到酒店，是来"花钱买享受"的，而不是"花钱买气受"的。

客服尤其要注意以下几点：顾客不是你评头论足的对象；顾客也不是你比高低、争输赢的对象，因为即使你赢了，你得罪了顾客，使顾客对你和本店铺不满意，实际上你还是输了；顾客不是你"说理"的对象；顾客不是你"喊叫"和"劝告"的对象。

第三，理解顾客对中心产品需求的心理。

现代科技给人们带来了许多方便，人们与那些"刚性、冷冰冰、硬邦邦"的东西打交道越来越多，而与"柔性的、活生生、有血有肉、有感情"的人，打交道的机会越来越少。

我们生活在心理上充满竞争的"无情"时代，活得很累、很辛苦、很无奈，各行各业缺乏亲切感、愉悦感、新鲜感，人们都渴望从日常生活的精神紧张中解脱出来。

第四，要掌握与顾客沟通的技巧。

重视对顾客的功能服务和心理服务，使消费者得到一种愉快的"经历"；

对顾客不仅要斯文和彬彬有礼，而且要谦恭、殷勤；

对待顾客表现得善解人意；

只要客服能做到一些，或者全部都照做了，就会大大提高成交量。

5.4.2 要把目光聚向已成交的老顾客

与其花大量的时间去刷标签，或者是烧更多的直通车强行拉流量，倒不如真正地去维护好老顾客。

道理很简单，虽然淘宝的规则每天都在变化，但本质是万变不离其宗的。

能成交的商品，就是好商品，就有消费者买了又买。不断复购的商品就是好商品，好商品就会被优先展示，而把老顾客维护起来让他们重复购买，就能提升搜索权重，维护店铺标签。

特训学员案例：这位顾客第一次进店购买后，被引导到这位特训学员建立的私域上，后面通过私域上的互动，这位顾客又再次被转化。顾客还看中店内的一本书，希望客服可以送他一本，客服巧妙用 10 元优惠券婉拒了顾客。当然，顾客并没有就这样妥协，两人你来往地聊得很嗨，最后顾客不仅下单购买了，还非常用心地给了宝贝一个好评。

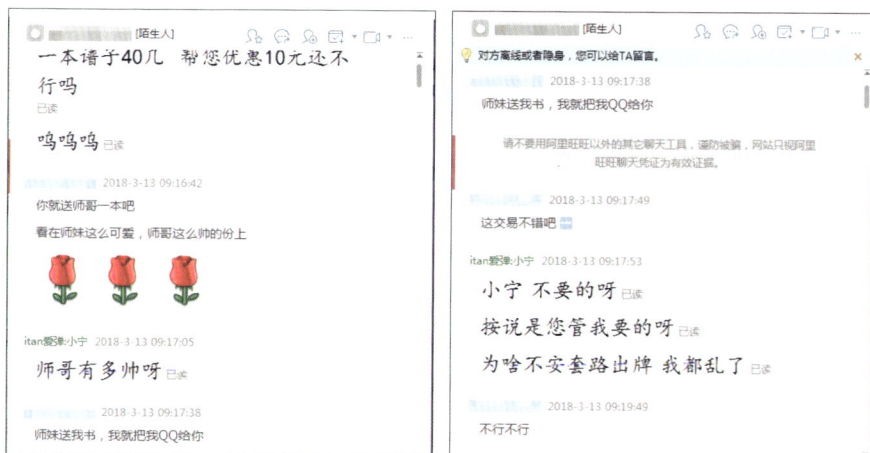

首先夸一下我们可爱的客服小宁师妹，嘴甜、可爱、耐撩是她具备的几个优秀品质，希望大家以后多撩，感受一下小宁师妹的热情与细心。这款吉他一个月前就已经准备入手了，只是那时还要预定没有现货，偶尔的一天很巧的遇到了小宁师妹，告诉我已经可以发货，怀着激动的心情与小宁师妹深情地聊了半个多小时，在小宁师妹邀请我去青岛品海鲜喝啤酒的承诺之下，下了单付了款！快递是顺丰，隔日达，让我很快的拿到期盼已久的莫哈米，刚拿出琴的时后，我以为厂家发错货了！并没有想象中的那样高端大气，询问客服后知道琴就是这样，与之前的琴拿来比较，才发现这把琴朴素之中透露着的精致，淡雅却不失美丽，尤其是她的声音，清脆悦耳，让人情不自禁地称赞这是一把优秀的吉他。有一本书，在等待被翻阅；有一把吉他，在等待被弹拨；有一丛花，在等待被欣赏；有一位客服，在等待被撩。还在犹豫何时出手的小伙伴快快下单吧，不要因你的犹豫而与这样一把优秀的吉他擦肩而过，放下急事，照顾心中被搁置的琐事，那才是生活的养分来源，愿所有爱好音乐的小伙伴早日找到自己心仪的吉他，奏出心中那一曲曲动人的旋律。

第六章

叠浪经营，
效果倍增

— 章 节 导 读 —

找到正确的方法，重复去做，让更多人参与，
就会形成叠浪效应，效果不断倍增。
治本之道需要解决的痛点：流量私有化——
运营私有化流量来促进店铺成长——
壮大的店铺可以壮大私域的体量——
从而渐渐摆脱平台的枷锁。

†6.1 信任之道才是治本之道

从电商到微商，中间相差一个私域。

从微商到网红，中间相差一个背书。

结合电商、微商和网红的做法，来了解我们的治本之道。

早几年的时候，朋友知道我是做电商的，就问我："您的淘宝店叫什么？我去了解一下，看看有什么能买。"

我就会回答："算了吧！"

我不愿意做认识的人的生意，也就是熟人生意。

为什么？

第一，我是对自己产品没有信心；

第二，我觉得熟人麻烦多。

我发现其实微商的做法，才是正确的商业之道，只是被带偏了一点点。

例如：杀熟，产品不好但卖得很贵，做的是一次性的生意、多级代理，几十元的产品卖到几百元，在朋友圈刷屏。

试想，如果我们的产品质量很好，性价比很高，帮我们销售的人又能得到一定的回报，我们的营销又怎么会让人反感呢？

那这样的产品，先给身边的人去尝试一下，又有什么问题和关系呢？

信任我们的人，他们是最好转化的。产品好，他们就愿意推荐给身边的朋友。

　　如果我们的粉丝群体，都是被产品吸引过来的，那么，我们去推送一些周边信息的时候，就不会引起他们的厌恶。

　　信任之道才是治本之道。建立私域，就是加强沟通，加深信任。

6.2 私域运营的 3 大准则

私域的日常维护，就是私域的营销。即使没有专属活动的时候，我们也要经常与顾客进行互动，以此增加自身的曝光度。并且要在日常活动中，潜移默化地增加顾客对我们的熟悉度和信任度。这样，后期做营销活动的时候，顾客的配合度就会高很多。

6.2.1 私域要有会员制度

我们必须有一套吸引人的会员制度，以此吸引顾客加入，这也是我们私域日常的活动和营销活动。

当然，说起来很简单，真正要做起来，要获取的时候，是有一定条件的。

第一种，会员制度。

只要成为本店 VIP，均可享受一些福利。

比如，每月免费领取本店最新产品的资格；通过测款等营销活动，有一定的条件就可以加入；会员日定期发红包，会员可以参与进来；每月均可获得会员专属礼包，只要有消费，就有礼包；专属 VIP 服务群只为你一个人服务，只要你消费，就会为你自己建一个群，有客服人员专门为你服务；重复消费可以享受各种优惠折扣；为会员提供专业知识定期推送服务；送会员一个订阅礼包，当月的活动都定期发给会员。

当然，我们还可以做得更多。比如营销带入，这个可以自己设计营销方案。不过一定要切记，对外展现出来的，一定要操作简单，不能让人感觉到有很多的条件。

客服在沟通的时候，也要让顾客感觉到这是为他们考虑，给他们一个很大的福利，并且很简单就能够获取。千万不要让大家觉得是在推销。

第二种，层级福利。

给会员分段位。

顾客的消费金额和推荐消费，可以累计，比如可以是近三个月的消费或者是当月消费。层级设计需要根据店铺设计消费金额。比如，可以和"王者荣耀"一样，分黄金、钻石、星耀、王者等几个段位层级。

不同的层级有不同的福利，这个福利可以是每个月定期的抵用券，抵用券应该是无门槛的那种，10元起变相让利。也可以是根据不同的层级，每月发红包，刺激消费。要先建群，然后发红包，慢慢地人就多了。

6.2.2 私域朋友圈要经常养护

微信朋友圈营销，许多电商朋友都犯了一个致命的错误——在朋友圈刷屏，卖鞋子的，卖化妆品的，卖面膜的……我看朋友圈，往下翻半天了，看不到一条我想看到的信息，全是广告，一个字：烦！你累，我累，大家累，效果还不好，可能顾客都把你拉黑了你还傻乎乎地整天刷刷刷。

一个优质的朋友圈是由很多元素构成的，比如说文字、图片、小视频、封面、昵称、背书、个人头像，这些东西一定不能随意不能将就，把顾客引流到自己的私域，建群后，要经常和顾客在朋友圈互动。要树立自己专业的个人形象。同时，要设置好自己的朋友圈背景、聊天背景和个人简介。

建立良好的个人形象需要一份有分量的背书，可以把和我们产品相关

真皮包包怎么保养

有很多朋友问我真皮的包包怎么保养，今天就来跟大常一起分享我的真皮保养经验..........
步骤/方法
>01
大家要注电爱包要放在干燥、存放于通风清凉处。
>02
千万不要曝晒、火烤、水洗、锐物撞击和接触化学溶剂。
>03
因为真皮包包未经任何防水处理程序，沾湿手袋，请即用软布抹干，以防留有污渍或水印而使表面出现皱摺。如果在雨天使用，应特别注意。
>04
不要随便使用鞋油。
>05
要小心保护包包的金属配件，潮湿及盐份高的环境会造成氧化。
>06
真皮皮包不用时，最好置于棉布代中保存，不要放入塑料袋里，因为塑料袋内空气不流通，会使皮革过干而受损。包内最好塞上一些软卫生纸，以保持皮包的形状。若没有合适的布袋，旧枕套也很合用。
>07
真皮包和鞋子一样，是另一种型态的活性物质，每天都使用相同的皮包，很容易造成皮质的弹性疲乏，所以要像鞋子一样，好几个交互使用；真皮包如果不小心弄湿了，可先用干毛巾吸干水分，里面再塞些报纸、杂志之类的东西阴干，千万别直接在太阳下曝晒，那会使得你心爱的包包退色、变形的。
>08
千万要小心，如果错误地用上质地粗糙的清洁剂、粉状清洁剂或者是有机清洁溶液等，都会对皮革造成不同程度的损坏。日常清洁保养用温和肥皂溶液已足够（用抹布沾湿再揩抹便成，千万不要将皮革泡浸在水中清洗）。市面上找到的皮革清洁剂效果也很好，而且含有润滑剂，可以保持皮革本身的柔软性。顽强的污垢可能要用温和的清洁剂对付，或者需要专业的清洁处理。

的一些技能、资历展示给我们的顾客看。

要在朋友圈多冒泡，比如讲一些与顾客之间的故事，一些优秀买家秀的展示，发一些老板生活的日常，以及自己产品所在行业的专业知识，也可以提供专业知识书籍、视频和一些文章。

当然，这些是我们私域日常运营可以发的产品相关内容，由于我们的私域是建立在微信上的，我们需要融入顾客的生活，通过朋友圈、微信头像、聊天等端口在顾客心里打造一个良好的形象。朋友圈过于商业化会被大部分顾客直接屏蔽甚至是删除，这也是微信一直强调的不过度打扰顾客。

直接打广告会打扰我们的顾客，而且在我们和顾客还没有建立更进一步的信任之前，让顾客二次消费的难度也是比较高的，所以在私域里我们需要通过朋友圈不断和顾客互动，在互动中让顾客逐渐地了解我们、接纳我们、习惯我们，最后就是信任我们。随着互动的不断加深，信任会越来越深，顾客二次消费、三次消费、持续消费就会变得很自然。

朋友圈切忌广告刷屏，即使你有很多的产品，也不要刷屏，广告刷屏对顾客体验来说是极差的，后果往往就是被直接屏蔽或者被直接删除，所以我们需要用内容来和顾客互动，用我们的生活去和顾客互动，用给力的活动去吸引顾客。

在内容互动方面，可以发一些正能量的朋友圈，俗称鸡汤文。发这类朋友圈配的图片尽量是我们自己生活的写照，可以让顾客认为这是我们自己的感悟，培养我们在顾客眼中的形象。正能量的朋友圈最适合早上九点左右发，这个时间点刚好是一些人起床、赶到单位的时候，会刷一下朋友圈。一大早给顾客传递一波正能量，能让顾客对我们的印象更深。

可以是生活感悟：

"所谓的幸运，就是当你准备好的时候，机会来了，并且抓住了。"

"做个悲伤的智者，不如做个开心的傻子。"

也可以是对自己的寄语：

"愿生活不太拥挤，愿笑容不必刻意。"

"与其把别人当作偶像，不如把自己弄成偶像。"

还可以是成长型：

"能说出来的不是苦，说不出的才叫苦。"

"我相信这个世界永远那么美。"

生活动态可以是聚会、工作、家庭等方面的内容，让顾客知道我们此刻在干什么，慢慢地顾客就会觉得他很了解我们，对我们的戒备就会慢慢地瓦解。另外，可以时不时穿插一些顾客对我们的认可动态，用他人的信任和认可来培养其他顾客对我们的信任和认可。

当然产品广告还是要发的，毕竟卖产品才是我们的初衷和目的，产品广告每天发一两次，让顾客知道我们在卖这类产品即可。私域是要和顾客建立长期的关系，时间长了，顾客对产品的认识和我们的形象一起在顾客的心里形成，慢慢地顾客对我们的产品也会很了解。

除了上面长期的策略，我们还可以用活动、福利来刺激顾客，让顾客多消费，随着消费次数的增加和我们服务次数的增加，顾客对我们也会越来越信任。我们可以在朋友圈做一些互动小游戏——共享粉丝、猜中有奖、朋友圈红包、游戏互动或者比赛等。

可以和别人共享粉丝，另一种说法叫共享鱼池或者是多店互推。

如果说别人的鱼池愿意给你用，而你只需要送大概 20~30 元的宝贝，你是否愿意？如果有人愿意花钱给你免费做粉丝维护，你是否愿意？

不过，千万要记得，这种事情不要多做，找 1~2 个有实力的合作就可以。如果多了，你的粉丝池就会废掉。

在操作时，提前定好要送的产品，声明与战略合作伙伴一起做粉丝维护，需要的找 A 店拉群。而同时，B 店做好新链接以及操作流程，由顾客去拍 A 产品，然后发货为 B 产品（不能少于 20 元，最好是定制产品）。

可以多店互推。要明白一点，找淘客不如找同学。特别是如果那个同学是需要亏本营销的，这些钱给淘客不如给到同学作为福利。如果淘客 10 元拍 30 元的产品，并且淘客还可以赚 3 元，那我们在朋友圈声明，30 元的产品 10 元拍，再返现 3 元，这也是一种会员的福利。

我们的学员"齐论 -58753- 牛九"经营的是男装，当时因为要做黑搜，但是顾客资源却不够，而且流失严重。如果去找平台，那么号很有可能就是黑号，被抓的风险太高，而且成本也会高很多。后来他找到我，希望我介绍一个靠谱的资源给他，我当时就想起了这个方法。他当时做的是拍 A 送 B 的活动，送一提心相印抽纸，成本是 9 元，然后确认收货后卖家晒图还有 3 元的红包。接着他在群里发一个信息："本人经营男装客单价在 100 多，自有顾客资源 300 多人，有想做顾客资源共享的朋友吗，一起做黑搜一起发财。"

一石激起千层浪，很多人联系了他，后来他挑选了 3 个客单和适用人群相吻合的同学，共享了彼此的顾客资源，一下子就解决了顾客资源的问题。

有做微信鱼池的朋友都知道，愿意配合我们的顾客如果不经常做维护，那么这个顾客很容易就会流失掉，但是同一个顾客资源我们并不能频繁使用，我们需要投入较高的成本去维护。共享顾客资源既可以把我们的顾客资源扩大几倍，又可以极大程度地减低我们的维护成本，还可以提高顾客的活跃度。但是这里还是要再次提醒一下，选择共享顾客资源的伙伴控制在 3 个左右，这样每周和顾客互动两三次即可，频繁的话顾客的标签就会乱掉，真实卖家号也容易被淘宝标记。

猜中有奖。

我们可以让顾客猜我们的好友数、店铺营业额、新上架的宝贝价格等。只要猜中了，前三名免费送。同时，喜欢的宝贝一律成本价出售，送的产品，可以用现金抵用券，买一送一，等等。

这种做法可以有效地调动顾客的活跃度，顾客只需要动手敲一敲即可参与，成本相对来说极低甚至可以微盈利，但是切记不能把这种活动当成盈利手段，一来活动力度小了，顾客活跃度会降低很多，二来频繁地做这样的活动顾客会腻，我们辛苦建立的私域会废掉。

我们的学员"齐论-61109-麦麦"，一个30多岁的姐姐，经营的是女装，自己有一个小工厂，跟着老师一步一步地运营店铺，现在店铺流量不高也就三千多。这次听了我治本之道这节课的课程后，立马利用起那个一直在做微信好评返现的QQ来做测款测图，得出的数据和直通车测款测图也吻合，但是成本却只用了300元都不到。她后面把朋友圈得出最优的图片和款式再放到直通车里去测，一下子就解决了直通车重复性测款测图的高额运营成本。

我们这位学员是这样玩的：朋友圈发9张图片，文案是这样的：回复第一眼你被第几张图片吸引到，得票数最高的图片每人可领取1元微信红包。

朋友圈红包。

现在朋友圈又有一个新功能，可以发语音红包。这个平常我们都没用，但是如果是上新，或者是有活动的时候，我们就可以用。

因为要领取红包，顾客必须参与进来，比如可以说"上新送衣服"，这样他们就会主动联系客服。

我们的学员"齐论-59756-乳鸽"，在听了淘宝天猫治本之道这节课程后，现学现用在朋友圈里发了一条这样俏皮的动态，文字是"好消息当然要说出来"，然后配上一张包你说的图片、一张上新的衣服图片。包你说的内容是这样的："店铺上新，我要免费领新。"当天就有100多个好友来询问如何领取。

游戏互动或者比赛。

我们可以定期举办一些竞技游戏，去回馈买家，比如王者荣耀或者是一些支付宝、微信上的小游戏。在朋友圈发个语音红包，通知大家，最佳的可以获得奖品，或者消费一定金额就可以获得小礼品等。

我们的学员"齐论 -60277- 青田"，经营电脑配件，他玩的是跳一跳挑战赛："但凡能在跳一跳上超越我的都可以免费领取精美礼品一份，排名以12月17号20：00公布的为准。"然后下面配的是9张王者荣耀人物的大鼠标垫图片。

这位学员玩跳一跳的实力很强，但是一开始弱弱的就一百多的分数，一下子就有大批大批的人超越了他，当天晚上他又发了一条朋友圈："感觉要破产了，怎么办？"

附带的是一张跳一跳排名截图和之前发的跳一跳挑战赛的截图。

一下子就有更多的人参与了游戏并超越了他。

第二天的时候他把分数提到了三百多，排名一下上升了不少。接着又发了朋友圈："尽力了尽力了，想不到大家都这么强。"

附带的是一张跳一跳排名截图和之前发的跳一跳挑战赛的截图。

陆陆续续又有一些人超越了他。

到了第三天要公布最终排名的时候，他在最后一小时前把分数提到了八百多分，一下子就到了第四名的位置。

最后他送出了3份礼物，成本就50元，而他调动了两千多人参与了游戏，整个过程持续了3天。

会员生日送生日红包。

这个属于专属优惠，可以私聊发祝福，然后发朋友圈，声明是哪个会员生日，有什么专属优惠，吸引更多人来进行登记。

这个活动可以一下子拉近我们与顾客之间的亲密度，对有些顾客来说，店铺发生日红包祝福是人生中的第一次，能记得我们生日并发来祝福的基本都是我们身边至亲至交的人，而你在这个节点给他发来红包祝福，他就会牢牢记得你，他之后购买相关宝贝的时候想起的第一家店铺就是你的店铺，所以这个活动要作为店铺战略规划来执行。

红包并不需要多，重在心意，但是红包又不能不发，因为不发红包的祝福很多人记不住。没错，就是只认红包，这里建议大家发 5 元即可。

6.2.3 要根据目的去做私域营销

私域营销的方式各式各样，但是出发点我们一定要搞清楚，是为了引粉、赚钱、转化为粉丝、裂变、品牌打造、新品测试、提升复购，还是为了打造爆款。

然后，要通过出发点去设计营销。我们要明白一点，没有最好的营销，只有最适合的营销。在营销的时候，尽量不放过任何一个买家，给他们提供可以在店铺成交的机会。另外，每次做活动的时候，都需要"师出有名"，比如：会员日、老板生日、老板娘生日、中秋节、国庆节等。

6.3 私域营销的 13 种基本方法

私域营销的方法很多，本节介绍的 13 种方法是最基础的。

所有私域运营者都应该了解这 13 种方法，并从中挑选出适合自己的方法。

6.3.1 虚拟类超值赠品

只需要 3~5 元的成本，顾客即可获取到价值几百元的赠品，这就是超值赠品。一般来说，实物类的产品难以达到超值的效果，虚拟类的产品虽然成本比较低，但是效果能远超客户预期值。这样的产品最好是我们生活中常用的一些付费软件的功能。

比如赠送迅雷会员，以前在淘宝上是可以直接购买到的，几块钱就能享有官方渠道价值几十到几百元不等的功能。

比如现在大部人的休闲娱乐是看看电视电影之类的，顾客通过正常渠道购买需要几十到几百元的费用，如果我们能提供一样的功能，还是免费赠送的，那对客户来说就是价值几十到几百元的产品。

我们的学员"齐论 -61111- 子阳"，经营的是女装，客单价是 100 多元，前不久的时候他在朋友圈里发了一条这样的信息："未来 3 天转发我的朋友圈，集赞 50 即可获取爱奇艺、优酷、乐视等 12 大影视 VIP 一年。"

他通过这个功能迅速就裂变出了 3000 多个精准粉丝。

这个 12 大影视一年的 VIP，顾客自己购买需要 1974 元，但是我们这位学员通过我们资源部采购只需要 3 元一个。而这种超值超实用的宝贝适用范围其实非常广，它在一些类目上的效果会比好评返现更好，而且成本能降 3 成甚至更多。

6.3.2 玩转数字

比如我们要回馈给顾客每人 1 元钱：我们可以直接出一次钱，总价 1000 元，只有一个人有；或者是出 1000 个 1 元钱，人人都有。这两种做法，前者的诱惑大于后者。而如果我们需要向买家收钱，一天收 1 元钱，会比直接收 365 元钱做起来容易。

所以我们需要分析，看哪种方式适合。如果你做活动送礼品，那送的礼品价值要往高里说。如果是你要收钱，要拆分开来说，这样子比较能吸引人。

在做营销活动时，要注意时间间隔，活动不能天天有。同时，能不用折扣，就不用折扣。比如我们可以用赢豪礼，来代替 9.9 折；用 10% 免单，来代替 9 折；用第二件半价，来代替 7.5 折；用买一送一，来代替 5 折，等等。

活动设计别太复杂，声明要一看就懂（站在顾客的角度去想，需要一眼能看懂，等深度了解的时候再解释游戏规则）。

所有的营销都不要让顾客感觉我们是要让他成交。营销不是促销，如果一看到促销，顾客会有逆反心理，我不需要我不买，营销的最高境界是让顾客不知不觉地买单。

其他的营销活动形式还有许多，可以"逢 8 送"，消费金额如果是尾数带 8 的，就有礼物送。我们可以在设置单价的时候，都带上 4、3、1、2、6、8，等等，这样，顾客一看，买一件或者两件产品，就可以得到"8"，就能获得礼物。这种方式，既有效地促进了消费，又让顾客更愿意接受。

2017 年，我一个朋友，经营的是一家男装 C 店，主卖的是牛仔裤，主推的那款牛仔卖 59 元一件，产品质量很不错，起初打算走量的，但是一直没有冲起来。两个月后他告诉我，他的店铺因为一个活动，每天稳定地出1000 多件，月销量达 5 万多件。我当时很惊讶，他给我看了一张图片后，我就一点也不惊讶了，我觉得他月销 5 万多件非常正常。

他的活动其实非常简单，主图图片上直接打着非常醒目的文字："两件 79 元。"原本一件商品的价格现在可以买到两件，而两件刚好是男同胞们买裤子的需求量，两件刚好可以换洗，也可以换着搭配，作为消费者的你，看到这样的活动，会心动吗？这简直是一个天才般的想法。

他告诉我这个活动转化率高达 9%，之前的转化率是 3%。由于产品质量好，还有好评返现，店铺评价也非常好。但是现在不能玩了，他的店铺受到打压，流量从一天两万降到一天两千多。仓库还有好几万的库存积压着，他问我有没有办法可以处理库存。

其实在看到这个活动的时候，我就想到这个活动非常棒，而他刚好还做过微信好评返现的活动，现在手上有将近 6 万的顾客。我就把私域营销的方式传授给他，很快他那几万的库存就清完了，后面又忙着做冬款。

6.3.3 蹭热点

这个更容易引起买家的共鸣。比如明星同款，春节晚会某某同款等等。引起共鸣，就有可能会成交，也会让买家觉得我们与众不同。

热点分为长期热点与短期热点。

长期热点：主要是很火爆，比如人人都在参与的王者荣耀，这个热点一定要蹭。

短期热点：主要是明星八卦，事件形式，有时限性，比如薛之谦、鹿晗，等等。

我们的学员"齐论 -60286- 谗猫"，经营的是女鞋，之前某明星的离婚事件闹得沸沸扬扬的，成了一个热点话题，我们这位学员却从中抓到了商机，在诉讼判决书下来时发了一条这样具有感染力的朋友圈：真心心疼×××，凡是点赞的，今天内在本店消费一律 9 折。

没错，就是这样一条朋友圈，为他带来了将近一百笔的销量。

6.3.4 定期免单

定期免单，就是在一个固定周期内的某一天会员消费就有机会免单。免单的名单，可以是每月几号会员日消费的顾客，随机抽取若干名进行免单。这个活动，我们需要真实的免单，以此来提高会员的积极性，所以我们采用公开透明的形式抽取免单名额，可以有效地促进会员进行消费。活动可以在会员日前三天每天进行朋友圈宣传，或者在会员日当天进行宣传，然后名单在会员日隔天公布。

之所以选取每个月固定的日期作为会员日，是为了培养顾客的习惯，加深顾客对我们的印象，这样顾客下次在需要这个产品的时候首先想到的就是我们。那么，为什么要在我们这里消费？首先就是我们的产品好，服务好，而且还有一个免单的福利在那里吸引着大家，为什么不在我们这里买呢？

我们的学员"齐论 -60278- 小芸"，经营的是女装，客单价是 50 元左右，她在会员日当天是这样玩的："启禀女王大人：3 天后是会员日，消费即可随机获取免单，店铺又上新了多款超级好看的包包呢，快来挑选吧。"

她是用微信小程序里的抽奖助手来抽取免单会员。会员消费后客服就会发送这个小程序给消费会员进行抽取，而名单在会员日第二天公布在朋友圈内。另外，所有参与者都会收到这个小程序的抽奖结果通知。

她用这个活动的第二个月，在会员日当天就产生了 50 多单。

6.3.5 高端定制

根据顾客的需求不同，赠送不同的礼物。这个营销活动适合高客单价、高回购，或者适合裂变的产品。比如有一对一顾客维护的类目，这时，如果顾客再次消费，你就可以根据顾客的需求去送相应的礼物。

这个活动在我一个微商朋友那里做得非常成功，她经营的是化妆品，每次顾客购买了哪些化妆品她都会记下，并告诉顾客每天要如何使用，使用多久能看到效果，而每次到顾客化妆品要用完的时候，她都会回访顾客产品的使用体验，然后根据顾客反馈的结果给出下一步的护理方案。在这个过程里，成交是自然而然的，而每次顾客下单后，她都会根据下单金额和这个顾客的护理需求，赠送不同的礼品。

依靠着好产品、贴心服务和个性化营销，去年她在我们市区这边全款买了一栋房和一辆 20 多万的车。

6.3.6 付邮试用

这类营销活动，适合刚需类产品、快销品和复购率高的产品。对于这类产品，前期可以经常做会员付邮试用的活动，而我们给到的量也就是一次或几次使用的量。

如果他们可以帮我们操作销量，就变成免费送。这个时候，我们可以进行一些筛选，根据淘气值、颜值、等级，可以升级成定期的服务。

我们的学员"齐论 -60270- 无迹"，经营的是纸质用品，他在私域里是这样玩的：首次成为店铺会员，在下个会员日的时候，可以付邮免费获取抽纸一提，这个抽纸的成本是 5 元钱，会员一般只需要付 5 元的邮费即可获取抽纸一提，然后在下次会员日到来时他就逐个通知未使用过这个福利的会员。会员在拍下订单后，他又告知会员，下次在店内消费，联系客服拍下指定订单，即可免费再获取抽纸一份并且不需要再付邮费。

他依靠这个玩法已经成功的又打造了一个新爆款，而成本却是之前的一半而已。

6.3.7 选最佳评价

可以每月评选出最佳评论获得者，评价可以是真诚的，搞笑的，夸掌柜的，等等。做这类营销活动，你会发现你家的评论留言变得很好玩很生动，进店消费者会觉得，你家的评价体验与其他店铺的评价体验是完全不同的。

评选的方式，可以是每月的月初由掌柜自行挑选优质的评价，然后公布在朋友圈内，而每月评选多少名，则可以根据店铺运营的需要来做调控。

我们的学员"齐论 -59738- 符万"经营的是绿植盆栽，他在运营朋友圈的时候是这样玩的："收到宝贝的各位宝宝们，把收到宝贝的心情晒出来，我们将每月选出若干最佳评价，送上 10 元微信红包。"

6.3.8 选最佳买家秀

每次可以选出 5~10 名买家秀最佳奖，免费赠送最新款宝贝，或者付邮费获得。这个活动不建议做晒图直接返现，需要客服去跟进，一对一沟通，慢慢你会发现，你买家秀的整体质量都有了提升。

活动的方式和流程，与选最佳评价的方式是差不多的，只是侧重点不一样。选最佳买家秀很明确，买家一看就知道是要拍好看的买家秀，而最佳评价则侧重文字文案，在评价的布局上，买家秀的布局固然是很重要的，而产品和服务的体验也同样重要，所以活动可以根据宝贝目前评价布局上的需要来做调控。像上面我们经营绿植盆栽的学员，在他家店铺的评价里，顾客晒单的自然就很多，但是文字方面的评价相对来说会欠缺很多，所以他选择的就是最佳评价。

6.3.9 建立会员便利店

这个活动更多是用于高客单价、低复购的类目。你可以建立一个 VIP 的便利店，大概单价都在 20 元左右。每个会员有几次采购的机会，通过做任务获取产品，店铺可以开通有赞或者小程序。

如果会员有关注，而且每月家里都需要这个产品，那他就会想起到你这边来做任务。你通过任务的形式，就可以让买家配合店铺做评价布局，或者操作销量等。会员便利店里的商品可以比市场价低 10~20 元，这样做就可以让消费者认为我们的产品不仅质量好，而且价格超级低，以后要购买同类产品的时候就会先到我们店里选购。

微信小程序会员便利店的建立还有一个深层次的原因，就是要培养我们顾客在微信里消费的习惯，建立微信小程序便利店可以培养用户对我们小程序的信任感，以及消费习惯，这样在后期微信小程序在电商领域大爆发的时候我们就可以更轻松把握住机会。

6.3.10 产品免费送

这类营销活动是最常见的一种，玩法很多，都是植入性的。但是其宗旨一定要记住：在真正送的背后，一定具有超出产品本身的意义，一般要限量，有一定的条件，对外宣传时一定要以免费送为噱头。这样顾客再看到免费的产品时，积极性和活跃度就会很高，然后我们再引导顾客帮助我们完成目的，最后，顾客免费得到了宝贝，而我们达到了目的。

我们的学员"齐论 -63097- 小丘"，经营的是男装，客单价是 100 多元，也建立了自己的微信私域，在打造新品的时候他在私域微信朋友圈里是这样发的："2 月限时福利：免费领取价值 65 元的 T 恤一件，只需 5 分钟（截止 2 月 5 号）。"然后附带的是这件产品的宝贝主图，标价 65 元，而这件宝贝真的在他店铺里面在卖，而且还有一定的销量。然后微信里的老顾客就会主动问他如何领取，接着他就把任务的要求和步骤发给意向顾客，顾客完成任务后就能收到这件精美的 T 恤。

他通过这样的活动形式让宝贝迅速地度过了新品的成长期，让宝贝在众多的竞品中迅速地脱颖而出，实现盈利。

6.3.11 加 1 元免费得

这个活动能够迅速地让我们再起一个热销款。这个活动之前，在淘宝上还可以做套餐价，并且有权重的时候效果非常好，当时是在爆款的页面下，写明"加一元免费得产品"，然后做一个套餐，搭配是多一元得。而后面因为淘宝打压，这个活动在淘宝上玩不动了，但是我们可以放在私域上玩，在淘宝上成交，继续打造爆款。

当然加一元得的是另外的产品，比如保温杯、抱枕等。

我们的学员"齐论 -62560- 卫皇"经营的是男装，他在私域微信朋友圈里是这样的玩的："店铺 2 月会员福利：加一元得价值 50 元精品围巾一条。"然后下面是店铺近期的新品和热销商品图。意向顾客前来询问如何领取，这时他再告知顾客，在店铺选购任意商品并拍下客服指定商品链接即可。

6.3.12 集赠品

集齐多少赠品，换取对应的礼物。

比如集齐 5 个、10 个或者 15 个，送赠品。这是可以根据后台订单进行操作的。这样做的好处是，可以促进顾客消费，让顾客保留赠品，然后增进感情。

我们的学员"齐论 -62570- 潇潇"，经营的是定制照片书，他在给顾客发货的时候，都会在包裹里放一张店铺定制书签，另外附一张小卡片，上面写明只需要集齐 5 张书签，即可换购一份精美的照片书收纳盒。

6.3.13 设置领袖专属价

根据不同类目的需求，找适应人群的意见领袖。这个需要定个标准，然后我们审核。通过审核，就可以成为我们店铺的最优惠的人群。领袖专属价基本就是成本价销售甚至亏本销售。

当然，如果我们的店铺需要更强大的背书，就要主动出击，找行业高手，就要送送送；如果你的产品好，他们会去推荐，我们也可以用来宣传。他们给的评价，能够大大地提高我们的顾客转化率。

我们一个学员"齐论-63062-一品"，做的是定制办公用品，他在顾客前来询单时都会询问一下顾客宝贝的用途，因为是定制办公用品，很多都是公司的人员前来采购，在得知对方的公司名称后他就到网上查一下这个公司的规模，一旦是比较有规模的公司，他就会和对方说，如果愿意加入店铺企业用户榜，就可以永久性享受9折专享价，并且告知对方可以帮他在微信内做一次品牌曝光，帮助他提高知名度。而这个店铺企业用户榜就是这些在他店内消费过并具有一定实力的企业。顾客在收到商品后，因为店铺要帮他做品牌曝光，所以商品评论和晒图都会做得非常用心。

6.4 少为人知的 10 种升级版营销方法

在上一节，我介绍的是私域营销的 13 种基本方法，这一节介绍的则是一些升级版的方法，这些方法知道的人很少，但威力巨大。

6.4.1 没我好

这类活动适合低价品、快销品、复购率高的类目。你需要首先收集你所知道的同类目产品的品牌，在前面加上一句"这些产品没我好"，可以把其他品牌做成一张图片。

这个游戏规则很简单，只要顾客找出没有被我们列出来的品牌，就可以获得我们的产品。

而每次有更新，我们就适时在自己朋友圈发布，不断地刺激顾客。参与进来的顾客，就会慢慢形成"这些产品都没有我们产品好"的概念。那么以后，他们看到上面那些品牌的产品，就会立马想到：这些产品没有我们的产品好。

如果在线下，就可以这样玩：拿我们同品类产品的优惠券，可以来我们店兑换产品。

6.4.2 阶梯优惠

阶梯优惠，是由美国人爱德华提出的促销方案，即商品的价格随着时间的推移出现阶梯式的变化。

如某种商品第一天上架全价销售，第二天就按 9 折销售，第三天按 8 折销售……以此类推。

号称"不卖隔夜肉"的钱大妈生鲜将这一营销方法运用得纯火炉青。

钱大妈生鲜的做法是：每天从 19：00 开始，每隔半小时打低 1 折，19：00 打 9 折，19：30 打 8 折，以此类推，直至晚上 11：30，全场未售出的肉菜就免费派送，绝不过夜。

这种类似于天天清仓大甩卖的营销方式，对大多数消费者而言，极具诱惑力。因此，每天晚上的七八点的时候，钱大妈店里排队抢购的队伍都相当可观。

虽然说到晚上 11：30 就免费配送，但一般到 8 点左右，门店里的肉菜就基本售空。

这类营销活动同样适合淘宝和天猫店铺，特别适合粉丝群体多、消息扩散速度快的店铺。同时，这对于清库存产品也是一种相当好的做法。

玩法就是隔天降一折：今天 9 折——明天 8 折——后天 7 折——限量。一般情况下，不到 5 折就已经卖光了。如果开始的时候，效果不佳，我们可以在自己能够接受的情况下找人拍光。

6.4.3 会员众筹

就是在会员内部玩众筹，这类营销活动要注意的问题是，众筹的人数不需要太多；需要在众筹前期先做调查，了解是否有这部分人群需求；要给到所有会员众筹的福利。

我出版这本书，就运用了会员众筹的方法。我一共招收了 20 名《淘宝天猫治本之道》图书众筹共创者，详细众筹方案如下：

模式：众筹＋实战特训营＋实时辅导＋后期跟踪（黄非红亲带）。

条件：预购 100 本《淘宝天猫治本之道》图书（费用 5000 元）＋

黄非红审核执行力与店铺。

收益：

1. 获得黄非红《淘宝天猫治本之道》图书 100 本（亲笔签名）。

2. 黄非红完善课件过程中的小课名额。

3. 黄非红亲自制订计划，指导跟踪课程中内容点的落实。

4. 在特训营期间表现好的学员，有机会被黄非红《淘宝天猫治本之道》一书采用为案例。

5. 在齐论正式上课期间，可封为黄非红特训营小队长。

6. 特训营额外收 180 名队员，小队长负责跟踪与收集案例，参与者仅需向小队长购买 10 本《淘宝天猫治本之道》图书，即可参与（等于每个小队长有 9 个名额，当然，如果自己不愿意带新人过来学习，这条可以不发出去，那就等于 5000 元需要自己付）。

参与者直接通过微信向黄非红支付，如果没有加过的朋友，可以加 qlfh1215（加过的无须重复添加）。

你们的产品属于什么类目，你们的众筹可以是什么？请读者朋友们认真思考。

6.4.4 照片店铺代言人

先报名——后购买——然后选出最佳代言人，每月可以获得一件衣服，持续半年，每月选一次。这个人必须是顾客选出来的。除了促进消费、提高晒图质量、增加互动外，选出来的代言人，他的归属感以及传播意愿要特别强。

可以做多种活动，比如新款选秀，用于测试我们的新款或者我们的图片。

（1）朋友圈转发，通知会员参与进来，收集到一定数据即可，声明我们抽奖是后台随机抽取投过票的。

（2）我们可以提前选几个之前在我们这边购物多，而且长得漂亮，买家秀拍得好看的顾客，提醒他记得去投票，然后再直接问他投了哪一件，类似客服闲聊，声明我们抽奖是后台随机抽取投过票的。

（3）免费获取——到店铺拍下——买家秀——返款，截图晒朋友圈，让大家知道我们真的会送。

（4）选出主推款后，做营销，本季度最新最火爆的款式。猜定价，知道顾客的心理价位，投过这件衣服的票的顾客都可以成本价购买。

6.4.5 以旧换新

以旧换新这种套路在线下经常见，其实在线上玩起来也非常好，以旧换新，对转化也特别有帮助，适合利润较高的产品（50% 左右的，就算不做营销我们仍然不亏本或者回收价值不差的）。

（1）推出新品：

3 个月后以旧换新或者半年内以旧换新（时间自己定）。

购买本产品，可在 3 个月后免费换取一件本店全新的新款产品，已经能够提升转化。

强调一遍规则，成为本店 VIP（加微信）、保留包装盒子、产品寄回来、付个邮费即可、产品价值 100 元（成本大概 50 元）。

（2）提升转化：

如果做以旧换新只是为了提升转化率，那到指定时间后，如果我们不主动提出来，很少有买家记得。我们卖出 1000 件，真正记得并且来换取的不会超过 100 人。

6.4.6 打造新款

在买家购买的时候就需要做好备注，时间一到就主动打电话或用微信通知买家，你之前购买的产品已经可以以旧换新。

强调规则：保留包装盒子，问下这个盒子还在不在。产品寄回来，再付一个我们快递过去的邮费，这个邮费是 12 元，基本能够接受，这边我们等于回了一点成本，产品价值 100 元。

套路：

您的盒子已经丢了吗？盒子保留是为了您帮我们做品牌宣传，才会有这个福利（不一定是盒子，可以是一个小赠品）。

稍等，我帮您申请下。好的，主管说可以，但是需要换一个规则，您产品不用寄回，再加 20 元我们直接送您一件。

您是我们这边的 VIP，而且也是在这个活动名单内的前 100 名。

给您一个福利，您产品不用寄回，再加 20 元我们直接送您一件，运费 26 元再加 20 元，一共 46 元。

操作：

因为是新品，而且我们现在卖价是 128 元，会员价是 100 元，您现在只要 46 元就可以入手，而且我们家的产品您是知道的。我这边发给您一个链接，您先进去拍下，然后我这边微信返款给您，您正好看看产品。

或者您可以参与我们的晒图活动，先不返款，如果您晒的图片点赞超过 100 人，可以全部返款。

也可以这样：您收到宝贝记得晒图，只要评选为前 20 名，我们这 46 元会作为奖励返现给您。

总结：

在顾客首次购买的时候，由于利润高，已经赚够了营销费用。

就算首次没有赚回，只要参与活动的，80% 的顾客都愿意加 20 元直接换购。成本可能要 56 元，我们可以回收 46 元，等于费用是 10 元。

一个新品，10 元换一个高权重、高质量、有晒图的真实成交，值不值得？

由于活动的密集性质，7 天内几百上千的销量而且绝对不降权，能不爆？

6.4.7 分期返款

适合高客单价、有一定回购率的产品。

在购买产品的时候和顾客声明，本店的产品是免费的，可以大大地提升转化率。

告知游戏规则：在本店购买的这件产品是 500 元（一般一次一款产品），我们将会分 500 天返现给您，每天返现给您 1 元。这样就算我们比别人贵点，他也能够接受，毕竟一个月他就便宜了 30 元，想想还是很划算的。

做法：

每天参与活动的，做一个支付宝群（微信流量会外引），群名为结束的日期，我们就知道什么时候这个群到期了。如果擅自拉新人或者修改群名等，将直接被取消规则。

红包可直接发在群内或者发口令红包（仅限朋友领取），每人每个 1 元，过了 24 小时自动失效。开始时你会发现，基本上每个人每天都会领取。但是过了 1 个月你就会发现，领取的人少了。不过如果他们需要同类产品，还是会找回来。

总结：

这类活动适合高客单价，高利润（50%）的产品，一般很少有顾客坚持到一半的时间。

转化率会非常高，就算是价格比同行高 10%，转化也一样高。

顾客前期会经常回访店铺，店铺活动通知能够迅速落实。

由于红包有时效性，很少有顾客会全部领取，最多领取一半。

就算全部领取了，我相信，两年内他已经多次消费了。

6.4.8 集赞换礼品

此活动比较适合客单低的快销品，相信大家也都参与过，经常在一些地方开业的时候用。如果你想要快速地累积鱼池，就可以做，但是有一定的风险。这个活动一定要配合新品前期进行。

集赞换礼品的文案可以这样写："某某旗舰店产品免费送，价值 100 元的什么产品只需要 88 个赞就能够获得，我是他们家的金牌会员，大家快帮我积赞，如果想要参与活动的可以加他们的微信，和客服报备就可以参与了，他们家经常有活动，真实有效哦，无效找我。"

6.4.9 1T1 会员模式

1T1 不是拼团模式，而是简单的介绍模式。

如果你身边有朋友需要，直接拉进你的专属群，这个时候你的朋友就可以直接享受 8 折优惠或买一送一福利，只要你的朋友消费，你这边就会有一个月度累计引流消费制度。

制度可以按照总销售或者人数来定，如果我现在急需客源就按人头，如果客源已经稳定，就按照客单价。客服应当每月按时统计，可以直接送店铺产品或者相关的产品，主动统计，主动汇报，主动送。

齐论的 1T1 模式：

介绍一个朋友，直接免费续费一年，介绍两个直接免费续费两年。

所以有很多到期的同学，都是介绍一个身边的朋友，直接免费续费了。

所以，如果大家觉得齐论好，为何不推荐呢？

6.4.10 1T2 拼团模式

1 个会员需要购买的产品是 100 元。

如果今天他需要购买一件产品，但是同时他能够邀请两个朋友一起买，那他们 3 个都可以享受折扣。

老顾客可以享受 5 折，新顾客享受 8 折。

总结：

原价公式：

销售：100 元 ×3=300 元

利润：30 元 ×3=90 元

活动公式：

销售：50+80+80=210

利润：0

如果参与活动，顾客必须把这两位朋友拉进他的专属群，确认过后，通过链接去拍宝贝。

免费获得两个新用户，拉群免费成为 VIP。

获得 3 个销量，不一定是拍原来的产品，可以让他拍其他产品，然后返款。

活动融合：

上面的活动基本都是单一活动，做营销一定要脑洞大开。如果我们条件允许，在策划的时候可以两个活动甚至多个活动一起玩。

治本之道——强关系营销

治本之道，从甄选产品，到店铺布局，再到打造私域，一系列的布局就是为了让大家能够脱离平台的绑架，从产品运营、店铺运营过渡到客户营运阶段。

客户运营的核心是：深挖粉丝价值，发现、培养超级用户。所谓超级用户就是对我们的服务认可，并且能持续消费的顾客。

什么是超级用户？这里用一个例子说明：

我一个朋友每年在服装上的消费大概在 5 万左右，每个月她都会有大量的快递要查收，而她大部分的消费都集中在几个小众的店铺上。每次有朋友让她推荐衣服的时候，她都会很热心地把自己经常光顾的店铺奉上——这就是超级用户。

对大多数的中小卖家而言，只需要留住 3～5 个这样的超级用户，那么店铺运营就会变得非常轻松。当然，这样的顾客相对来说是比较少的，但是每个顾客在消费一件商品之后，一般会需要另外一些商品来搭配。购买雪茄的人，一般也需要雪茄剪，购买雪茄剪的人，也会去消费雪茄，那么雪茄和雪茄剪之间就是强关系。

也就是说，我们在私域上的运营不要局限在主营的产品上，治本之道的私域运营核心是客户运营，我们没有不能卖的东西，只要客户有需求，只要我们能提供，我们就应该去挖掘。

强关系营销就是通过一件商品的消费，挖掘顾客背后更深层次的消费需求，进行关联营销。

我一个朋友主营的是配镜，做淘宝到现在有 7 年了，前几年通过淘宝赚到了一笔钱，但是最近这两年竞争越来越激烈，他这个店铺经营得非常艰难，去年他另外开了一家新店，卖的是眼镜盒。他这个眼镜盒的质量很好，价格压得非常低，而且还会给客户 10 元现金红包回馈，每单都会亏 1 元钱左右。但是，他通过在私域内打造出"眼镜专家""护眼达人"等形象，慢慢地在获得客户认可，客户自然而然地找他咨询关于如何配眼镜、如何护眼等方面的问题，在与客户互动中很自然地实现了销售目的。

通过低价高质眼镜盒引导流来的高精准流量，让他的私域每个月都能稳定地壮大，目前他私域上累积到的用户将近 5 万，一个月下来就能盈利几十万。

治本之道——叠浪经营

随着电商发展越来越成熟，平台竞争越来越趋于同质化，未来的电商或者说未来的消费会越来越趋于个性化。这个个性化不仅局限在消费商品的个性化上，同时也会体现在购物场景上，也就是说电商已经融入人们日常生活中，在淘宝上购买商品和在微信、京东、今日头条等平台上购买商品，对消费者来说其实都是网购。

获取流量并不局限在淘宝天猫平台，其他的平台也是我们获取流量的渠道，比如今日头条、快手、抖音、咸鱼、优酷、爱奇艺等。想要通过这些平台去引流，就需要通过内容来吸引顾客，让客户对我们的内容产生兴趣，然后客户才会进入我们的私域进行更深层次的了解。

通过私域我们先打造一个个性化的强 IP，当我们的客户数量达到一定程度后，我们再引导我们的粉丝去其他平台上引流（比如今日头条、快手、抖音、咸鱼、优酷、爱奇艺等），以此来壮大我们的私域或者说个人 IP，而这些平台也都将成为我们私域的一部分。

举一个例子：原本你在微信上有 5 万的粉丝，现在你要玩抖音了，你只需要在朋友圈发一拨通知，这个抖音账户就会快速完成前期的成长阶段，获得大量的平台流量扶持，而新流量的进入又壮大了我们的私域，这就是叠浪经营。

第七章

用治本之道
迎接新零售时代

—— 章节导读 ——

线上线下结合的新零售是大势所趋；

新零售的核心是用户体验；

微信小程序是新的红利期；

要做好治本之道与新零售的衔接。

淘宝天猫治本之道的初衷是为了大家更好地、长期地去运营我们的店铺。

不过，我们要知道未来的发展趋势在哪里。我们不可能一辈子待在淘宝、天猫开店铺。互联网的更新速度实在太快，如果只是被动地跟从发展将会异常吃力，随时都有可能被互联网抛下。我在很早之前就开始思考，除了淘宝天猫，我们未来的出路在哪里？

是京东、拼多多这类的第三方平台吗？如果你在天猫、淘宝上的店铺已经有一定的规模，经营得也相对稳定，那么可以开始尝试发展其他的第三方平台，比如京东和拼多多。不过相对其他第三方平台，最合适中小卖家发展的还是淘宝。

第三方购物平台并不是我们要探索的出路，我希望大家能脱离平台的枷锁。因此我提出的淘宝天猫治本之道，也是未来电商的一个发展趋势，它就是电商新零售。

近两年来，我们大家都一直在说新零售、新零售，那什么是新零售呢？新零售的趋势是怎样的？我们应该如何去做新零售？

当然，关注新零售，并不是让大家马上就离开淘宝、天猫，只是提醒大家，要开始为新零售做铺垫。因为不管是淘宝还是天猫平台，这些只是我们商业闭环中的一环而已。

7.1 大势所趋新零售

　　新零售是一种零售新模式，各企业以互联网为依托，通过运用大数据、人工智能等先进的技术手段，对商品的生产、流通与销售过程进行升级改造，重塑业态结构与生态圈，并对线上服务、线下体验以及现代物流进行深度融合。

　　只有线上、线下和物流结合在一起，才会产生新零售。新零售下，一定要以产品为核心，专注店铺管理，合理推广，重视营销活动，特色卖家依然是核心。

　　新零售的概念是由阿里提出来的。

　　2016年10月的阿里云栖大会上，马云在演讲中第一次提出了新零售，他说："纯电商时代很快会结束，未来的十年、二十年，没有电子商务这一说，只有新零售这一说法，线下的企业必须走到线上去，线上的企业必须走到线下来，线上线下加现代物流结合在一起，才能真正创造出新的零售形态。"

　　这个是最早的新零售概念，它并非新零售的定义，只是一个模糊的概念。它还没有具体的形态，也没有具体的定义，它更多的意义是启发，是启蒙，它让更多的人开始聚焦新零售，探索新零售。

　　随着"互联网+"时代的发展，传统零售业受到了电商的大力冲击，而纯电商在发展过程中又面临着模式升级的挑战。

　　因此，线上线下结合是大势所趋，这也正是新零售业时代兴起的机会。

7.1.2 新零售的核心驱动力：消费升级

新零售并非人们所认为的在概念上、模式上的所谓"颠覆传统"，而是在多种因素的共同推进下，一个新时代的到来。

与刷满屏的新闻标题及"行家们"高调渲染的概念不同，新零售的发展和时代的转变是在商业本质的促使下，逐步演变而来的。

我们说新零售的驱动力是消费升级了，而新零售要迎合的就是新的消费需要，新的消费理念不再是解决基本的生理需要，同时还要满足消费者情感上的需要，即自身偏好。

其实，很多传统线下实体店铺，早在四五年前就已开始尝试创新。即使并非以先进技术为导向，但是在逻辑、产品和消费者体验上的提升是在尝试中逐步迭代的。

近年来，随着中国经济发展的不断发展，大家可以明显地感受到，生活水平有了非常显著的提升。

以前，人们进行消费时，更多考虑的是基本的需求，比如衣服保不保暖、价格是否实惠。而现在，生活水平提升后，大家更多关注的是自身个性化的需求，比如衣服的款式是否适合自己、材质是否亲和舒适、服务体验满不满意等。

通过马斯洛需求层次理论，我们能比较直观地看出什么是消费升级，以及它的表现形式、需求特性等。

马斯洛需求层次理论，是人本主义科学的理论之一，由美国心理学家亚伯拉罕·马斯洛提出。1943 年，他在《人类激励理论》一书中，将人类需求像阶梯一样，从低到高按层次分为 5 种，分别是：生理需求、安全需求、社交需求、尊重需求和自我实现需求。

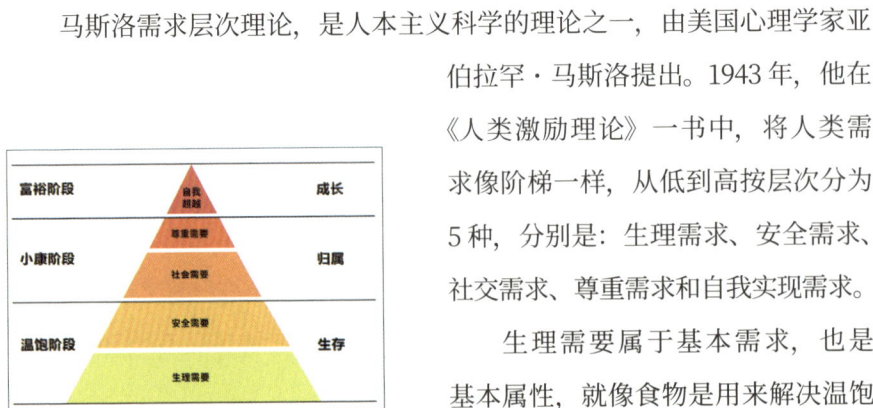

生理需要属于基本需求，也是基本属性，就像食物是用来解决温饱

的、水是用来喝的、车子是用来代步的一样。

这个阶段的消费特性是价格导向型的，影响消费者的主要因素就是价格。因此，这个阶段低价产品尤其热销。与此相对应的电商发展阶段，大概是 2003 年~2010 年，俗称集市阶段。

安全需要属于在商品基本属性基础上延伸出的对商品品质、安全性的需求。比如，食物是否绿色健康、水是否干净、车子是否耐用。

这个阶段的消费特性是价格 + 品质导向型的（理性消费），影响消费者的主要因素是价格 + 品质。

在这个阶段，消费者不再一味追求价格，他们愿意高价购买品质相对较好的商品。与此相对应的电商发展阶段，大概是 2010 年~2016 年，这期间孕育而生出京东、天猫、唯品会、聚美优品等购物平台。

社会需要相对于基本的生理需求已经有了质的变化，安全需求只是这中间的过渡阶段。

这个阶段的商品基本属性已经被弱化甚至被忽略，这个阶段的消费特性是个性化的、感性的，商品的好坏没有了统一的标准，标准就是每个消费者个体的喜好，如衣服的款式、颜色、风格，车子的档次、外观、性能等。

这个阶段的消费者对价格的敏感度很低，愿意支付相对高昂的价格，以此获取自己喜爱的商品，博得社会认可，获得归属感。

这个阶段大概是 2016 年后的 5~10 年间，或者还可能更长。淘宝千人千面就是这个阶段孕育而生的产物，微信小程序，我认为在这个阶段也极具发展潜力。

尊重需要是一种情感需要，人人都希望自己有稳定的社会地位，要求个人的能力和成就能得到社会的承认。

尊重需要又可分为内部尊重和外部尊重。

内部尊重，指一个人希望在各种不同情境中有实力、能胜任、充满信心、能独立自主。总之，内部尊重就是人的自尊。

外部尊重，指一个人希望有地位、有威信，受到别人的尊重、信赖和高度评价。

马斯洛认为，尊重需要得到满足，使人对自己充满信心，对社会满腔热情，体验到自己活着的价值。

这个阶段的消费已经是一种高档消费，单纯的商品很难满足人们这样的需要。对于中小卖家而言，这个层次的商品，一般你都提供不了。

通过上面的分析，我们可以看出，随着生活水平的提高，中国全面进入小康社会，消费者的消费需求已经慢慢发生了转变，从基本生理需要升级到了情感上的需要，也就是从理性消费升级到感性消费，消费变得极具个性化。

而消费者的消费个性化，又与现在的大型购物平台相冲突。

比如淘宝天猫和京东这些平台上，特点就是大而全，生活中的各类商品基本都能在这些平台上购买到。

现在这些平台普遍面临一个问题：这么多的商品，到底怎么排序？淘宝天猫早期采用的是单一维度排序，如价格、销量，后来引入了综合排序，但是销量依然是影响排序的重要因素。

随着一个商品的销量越来越高，它获得的曝光也就相应地越来越高；随着曝光量越来越高，这个商品的销量也越来越高。

这样就会产生寡头现象，同一个商品呈现在各种人群面前，大家看到的商品基本都是一样的。这与现在的消费者个性化消费特性产生了矛盾。

随着矛盾的加剧，会有越来越多的消费者跳出平台，到平台以外的地方寻找符合自身喜好的商品。

同时，由于价格因素被不断弱化，消费者自身喜好在不断加强，商品不只是简单地在橱窗呈现，商品需要被包装，然后与消费者产生共鸣。

要达到这个效果，最好的方式就是用内容进行包装。而内容呈现的场景，不能局限在平台。人们希望在看新闻、朋友圈、视频时，随处都能找到让自己心动的宝贝。而淘宝天猫治本之道，就是为了迎接这一趋势在做准备。

7.1.3 为什么要开始做新零售？

电商能如此迅速地发展，是因为中国的人口红利。平台流量一直在攀升，商家获取流量的成本不高。

现在电商用户封顶，人口红利消失了，流量越来越贵。平台流量难以增长，商家数量在攀升，流量竞争激烈。

消费需求升级，传统商业模式适应不了消费者个性化需求和生活化需求。

产品的同质性越来越强，越来越多。消费者越来越少去比价，比价时间的价值大于直接购买的差价。

线上增长乏力，线下又被击破，两者合一，要寻找一个新出路，那就是新零售。

7.1.4 新零售的特点

第一，组织新商品。

不管"去零售化"的调子喊得多高，那也只能是一种倾向，既然叫"零售业"，就不可能真正跟商品绝缘，商品永远是零售业的主要"内容"，商品力永远是零售企业的核心竞争力。跟新消费热点总是动态变化一样，热销的商品从来都不是一成不变的。

比如，前几年奢侈品非常受关注，增速极快，后来是轻奢受宠，一路领跑，再后来是快时尚唱主角，而现在则是运动大热，但现在的运动也并非是以前风格的运动，而是时尚化、智能化后的运动。

即使只是生活必需品，人们的消费需求也发生了很大变化，过去风行的膨化食品、果冻、碳酸饮料、反季节蔬菜等，越来越不受欢迎，人们越来越青睐果汁、酸奶等健康食品。那些看相不太好、保质期不太长，但自然生长、新鲜无添加的食品、食材，无疑更受欢迎。

过去，人们消费更看重物美价廉、高性价比；现在，越来越多的人注重品质、个性、服务以及由此带来的消费体验，越来越多人的喜爱新奇特商品，如无人机、机器人等科技智能产品以及文创品牌、原创产品、手工艺品，等等。

现在的零售企业不怎么提售卖商品，而热衷于强调提供服务、引领新生活方式，但无论是提供服务还是引领生活方式，都离不开商品的支撑，而服务的高下、生活方式的新旧，更与商品创新有极大关系。

因此，新零售的首要就是要有源源不断的新商品，既要能体现出新时期的消费趋势、变革方向，具有一定的前瞻性、引领性，也要与主流消费群体的消费需求变化相吻合，做到亲民、接地气。

第二，发展新业态。

如今，体验业态被零售业寄予厚望，购物中心聚焦吃喝玩乐、社交文艺，百货店布局餐饮、儿童游乐，超市发力生鲜、即食、现场加工等，都是希望借此聚客引流、扩销增收，化解电商冲击。事实证明，这也是实体零售化解危机、脱围解困的不多的途径之一。

近几年，购物中心逐步取代百货店成为主流的零售形态，百货下滑、购物中心向好的势头至今延续，特别是在餐饮、儿童、运动、娱乐等业态上，购物中心把百货店甩开了几条街。在随机性购物趋势明显，商业从购物目的地转向体验目的地的时下，业态的魅力已无可替代。

但业态的引进绝非一劳永逸的，也需要持续创新，与时俱进。业态的创新主要有两点：

一是引进新的业态。如，过去只有餐饮、影院、儿童游乐等体验业态，现在引进儿童医院、月子中心、宠物乐园等。购物中心、百货店、超市大卖场持续缩减商品经营面积，布局更多的体验业态应属大趋势，也是业态创新的一个重要方向。

二是对既有业态的改造升级。随着越来越多的实体店发展餐饮，同质化越来越普遍，如果不进行差异化调整，就只能陷入无休止的价格战。

于是，餐饮的零食化、甜点化、小吃化盛行，餐饮市场的细分大幕开启。同样是儿童游乐，但发展的路径却越来越垂直、细分，有的重点服务学龄前儿童，有的则以小学生、青少年为主要群体。特色化、差异化、专业性越来越明显，这无疑也是业态创新的一条重要途径。

人无我有、人有我新、人新我优，是业态创新的重要原则，唯有如此，才能将业态的话题性、聚客力、连带力发挥到极致。

第三，打造新环境。

零售业其实也是看"脸"的行业，那些高人气、高销售的实体店，无不是颜值高、品位高的好店，供销社式的环境，几十年不变的老面孔，很难在时下的市场环境中胜出。没有创新的环境、氛围，就没有所谓的"新零售"。

环境的创新有三个维度，分别是装修改造、创新陈列和氛围营造。

装修改造是零售业创新的一项重要的同时也是相对容易的内容，近几年为相当多的企业所采用，如沃尔玛、国美电器等，都进行了大规模门店改造提升，并为此付出了相当的代价，国美上半年一度因此重陷亏损。

装修改造的投入当然是必要的，那些无奈选择闭店的门店，大多数都是长期不变的老面孔，这也是丧失对消费者的吸引力的一个原因。

新陈列既包括零售道具的提档升级，如柜台、货架等装备的更新换代，也包含品类搭配、品种组合、商品展示的创新与变化，一般与经营的调整结合进行。

氛围营造相当于门店化妆，是一项长期的、经常的功课，主要从"五觉"体验出发，提升门店的颜值与气质。

环境不创新或创新不及时，顾客容易审美疲劳；但如投入太大，又会加重企业负担，一定要把握好度，量力而行。听说某知名超市装备投入过大，一家 1000 多平的超市投入超 2000 万，清一色的进口设备，十足的高大上，却并未带来客流的增长、销售的提升，徒然加重企业盈利负担而已，相当部分沦为无效投入。

其实，环境的提升特别是氛围的营造，并非投入越大越好，有时候也可以使使"巧实力"，比如有的购物中心、百货店别出心裁，引油菜花、栀子花、麦田、枫叶等进店，投入并不大，却收到了非常好的效果，值得借鉴。

第四，应用新技术。

有人说新零售不是唯新技术，这当然是对的，但新技术对新零售的重要性却不言而喻，没有新技术作支撑，新零售就无从附着。

零售业的新技术大致可分为两个层面。

一是便捷服务、提升消费体验层面的技术，如移动支付、智能停车、电子价签、在线订单、智能试衣、AR/VR 体验等，这些技术不可或缺，没有或者滞后都会影响消费体验；

二是提高企业管理效率、助力供应链升级、精细管理层面的技术，如移动办公、信息化、大数据等技术，没有这些，企业就难以适应新形势下的竞争。

零售业是劳动密集型行业，也正在成为技术密集型行业，技术对零售业生存发展的重要性越来越突出，国美、苏宁等传统企业的转型始于技术升级，盒马鲜生、顺丰嘿客等零售创新尝试也自新技术开始。

所以，零售企业应该高度关注、密切追踪新技术、新设备、新材料、新工艺，工欲善其事必先利其器，成为"技术控"的零售企业赢面可能会更高。

7.1.5 新零售的驱动力

社交驱动力：移动社交是中国的第二生活，而中国有十几亿人口，每天有几亿的用户要刷十几次朋友圈。切记，这不是看微信，而是刷朋友圈。

社交压力：有多少人玩王者荣耀？有多少人看过《战狼》？有多少人关注过薛之谦事件？有多少人玩过抖音？社交压力是因为你不懂，你不知道。如果不懂、不会、不知道、不玩，你就落伍了。

现在网络社交如此频繁，你应该强迫自己去接触这些大众话题。

以前玩游戏是为了找女朋友，现在要找女朋友你必须会玩游戏；以前看电影是为了自我娱乐，现在看电影是为了公众话题。

社交下的传播是非常恐怖的。

消费升级：在过去，想和买是两个步骤；而现在，随时随地消费。

7.2 以用户体验为核心

新零售区别于传统零售很重要的一点，就是以用户体验为中心，建立真正以用户为中心的经营理念。

这解决了消费者最大的痛点。

对于消费者来说，需求是多样性的，线上消费购物是一种享受，在线下和朋友一起逛街也很惬意。正是基于消费者多样性的需求，新零售业态下的合作加盟模式、同城社区模式、连锁直营模式才得以迅速在消费者人群中铺展开来。

新零售改变了线下传统的零售格局，比如个体电器店曾经是农村市场的主流电器销售渠道，现在苏宁易购服务站已经快速占领农村市场。

他们通过与互联网结合，提高了门店经营品项范围和销售额，不仅是电器和数码，还把牛奶、纸品、粮油、百货等快消商品和一些时尚商品也销售到农村市场，通过服务站门店推广和送货，节省了线上平台推广和物流成本，提升了门店盈利能力，把以前不可行的商业模式走通。

这都是靠着和互联网结合的功效，苏宁易购服务站仅用一年时间就发展了一千多家门店，并且增速越来越快。

就是淘宝，也开了一个新窗口，叫农村淘宝。虽说新零售整体还是刚起步，还没做出什么样，但是阿里不仅预判了新零售这个趋势，也判断了未来新零售的愿景，并且阿里在新零售这条路上的所有赛道都下注了。

超市业务：华联超市、三江购物；

百货业：银泰；

线上便利店 O2O 平台：闪电购、饿了么；

垂直水果电商：易果生鲜；

自营线上超市：天猫超市；自营的线上线下生鲜超市：盒马生鲜。

现在，无论是哪家，不管是阿里内还是阿里外，还都没有做出合理、完整的新零售商业模型，整个领域仍然在尝试。

7.3 千万别错过微信小程序

微信小程序，简称小程序，2017 年 1 月 9 日凌晨正式上线，是一种不需要下载安装即可使用的应用。

小程序实现了应用"触手可及"的梦想，用户扫一扫或者搜一下就可打开应用；小程序也体现了"用完即走"的理念，用户不用关心是否安装太多应用的问题。

从此以后，小程序应用无处不在，随时使用，不需要安装卸载。

小程序将是新的红利期。

7.3.1 小程序入口

微信小程序入口包括微信群、朋友圈、公众号、页面广告、朋友圈广告、附近的店、搜索小程序等。

（1）转发微信好友或者微信群进入小程序。根据微信用户基数和分享习惯，可以在和微信好友或者微信群里交流互动和信息分享的行为中，推广小程序推广，这种方式更加便捷，可以随时随地使用。

（2）从公众号进入小程序。公众号 + 小程序，适用于拥有公众号的企业或个人，内容 + 服务，可以达到 1+1 大于 2 的效果。

（3）从附近功能进入小程序。

（4）扫二维码进入小程序。扫描二维码，这是微信官方最希望开发者引导用户操作的一种方式。

（5）通过微信搜索发现小程序。目前小程序搜索入口开放的，有搜一搜和小程序搜索。

（6）从新媒体到小程序。通过新媒体发布文章，以此进入小程序。

（7）从 APP 进入小程序。支持 APP 分享到微信好友的链接或者内容，这是一种更便捷、更流畅、更友好的方式。

你会发现，朋友圈的广告，会越来越多的是小程序；你会发现，你在小程序用过的东西会越来越多；你会发现，有附近的小程序；你会发现，公众号里可以植入小程序；你会发现，群聊里面还有一个叫聊天小程序。

7.3.2 小程序拥有的服务

展示、传播、交易、第三方服务。

慢慢你会发现，你的手机里面什么程序都可以不用下载，也不需要再注册帐号。电影、爱奇艺、腾讯视频、订机票等等，所有的 APP，变成了小程序。

7.3.3 小程序具备的功能

我们在了解小程序具备的功能之前，要先知道，小程序不提供的功能有哪些。

微信小程序不提供的功能：

（1）小程序在微信里没有集中入口。

（2）微信不会向微信用户推荐小程序，也不会推出小程序商店。

（3）小程序没有订阅关系，没有粉丝，小程序只有访问量。

（4）小程序不能推送消息。

微信小程序具备的功能主要包括：

（1）提供小程序页概念。小程序支持分享当前信息，打开即是分享页面。

（2）对话分享功能。可以把小程序分享到对话，分享给单个好友或者微信群。

（3）小程序可以被搜索，不过微信会极力限制搜索能力，目前提供的搜索功能，是用户可直接根据名称或品牌搜索小程序。

（4）公众号关联：如果小程序与公众号为同一开发主体，提供小程序与微信公众号之间的关联。

（5）线下扫码：微信有提供线下提示用户附近有哪些小程序存在的功能。用户可以通过线下扫码使用，这也是微信提倡的接入方式。

（6）小程序切换：小程序支持挂起状态，也就是多窗口概念。用户可以把小程序先挂起，然后可以同时做别的事情。当用户需要这个小程序时可以快速调用，回到最开始的状态。

（7）消息通知：商户可以发送模板消息给接受过该服务的用户，用户也可以在小程序内联系客服，相互沟通。

（8）历史列表：用户使用过的小程序会自动放入列表，方便用户下次使用。

7.3.4 小程序的优点

（1）无须下载，通过微信就可进入，附近的小程序功能也可以迅速查找到相关企业的微信小程序。

（2）用完即走，用户进入小程序，最简单的方式为扫一扫或者搜一搜，用完即可退出，提高了服务效率。

（3）功能更加便捷丰富。传统 APP 开发，适合一定规模的企业，而对于个人或者中小卖家来说，微信小程序则更为灵巧，使用更加方便，体验度更好。

（4）开发门槛低，微信小程序的准入门槛低，只要适应微信环境即可。它经济实惠，开发难度小，开发周期短，不用考虑其兼容性。

（5）推广更方便，微信小程序可以借助微信公众平台进行推广，从而获取一定的流量。它无须安装、不留下痕迹，比 APP、H5 好一万倍。

无须安装 + 社交分享 = 看到了直接买。这就是小程序。它不是展示，而是交易。如果小程序只是展示，不能交易，没有售后，就毫无意义。

以前，你的朋友圈有人分享好产品，你需要转跳到淘宝，然后才能进淘宝店体验，或者再加对方微信号，然后才能购买。但现在就可以实现直接购买。小程序 = 直接买 = 朋友圈直接搜索。

微信流量就是指微信所有的流量，包括历史流量记录、附近的流量、搜索流量。

有了小程序后，社交网络将会是最大的消费场景。老消费者可能通过社交带来新的消费者，比如，拼多多。操作方式是：公众号引粉至微信群，朋友圈传播小程序变现。

朋友圈刚刚出现的时候，你们可能觉得朋友圈没有微博火。但是现在，朋友圈是中心化的力量，是中心化运营。

因此，现在小程序虽然还没有做得非常好，但也在慢慢成长。如果你现在不着手去做，当别人做好了你再去做，或者是别人做好了你还不去做，那你已经真的来不及了。

我们要明白，移动社交电商是一个强大的闭环。可以通过首批用户转化为粉丝，由粉丝通过社交软件传播（朋友圈、微信群），然后累计粉丝后变现，变现后继续传播。这是双重叠浪，越叠越大。

小程序可以实现三浪叠加，会是一轮大的爆发，如果你不去做，那就真的晚了。

你们错过了一次又一次的红利期，5 年前，朋友圈 + 微信群 + 公众号出来的时候，你们是否看到了商机？现在，你会不会再错过小程序这个商机？

† 7.4. 治本之道与新零售的衔接

接下来的几年，是最好的小程序时代，所有顾客会属于商家。所以我们现在需要活下来，开始做布局。我们的治本之道就是做好布局。

现在重要的已经不是我们的产品是否便宜，而是我们能够服务多少人，我们是否能让服务升级，在每个人身上我们能拿到多少价值。

未来的收益模式：

体验：现在只能加量不加价。如果需要加价，我们就要做好服务、文化的包装和感情的沟通。体验升级是消费升级的核心。

服务：服务即营销。要深挖顾客的价值。

我们需要做的就是：持之以恒建好流量渠道；产品要好；吸引顾客；顾客产生代购；顾客带来顾客；形成新的流量渠道。

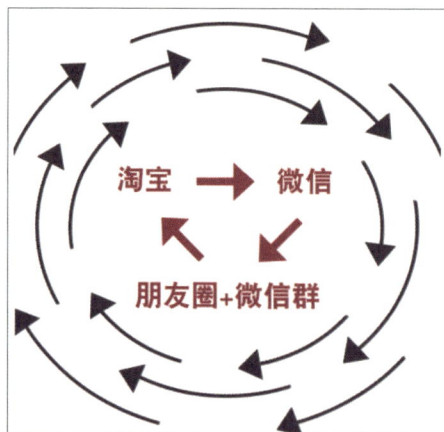

重新梳理治本之道的逻辑与步骤

我们从头再理一下思路，了解一下淘宝天猫治本之道的逻辑和步骤。

治本之道是通过应对目前电商存在的问题，选择好的产品，营造良好的购物环境和购物体验，自建私域引入私有流量，然后运营私域，抓住新零售的风口，利用小程序红利，产生叠浪效应，以便更好地、长期地去运营我们的店铺。

未来的 3～5 年，是小程序做得最好的时代。顾客会属于商家，我们要提前做好布局，做好我们的治本之道。

本章我来分析一下，未来商业模式的步骤。

8.1 用户体验升级

　　我们要做的是加量不加价，如果我们加价了，一定要做好我们的服务，做好我们的文化包装，做好我们的感情交流。

　　我们一直在说消费升级，而消费升级的核心就是用户体验升级。只有用户体验升级了，产品才有可能加价。

†8.2 服务升级

服务即营销。

我们一直在说营销，要明白所有的营销都离不开服务。

我们的服务一定要好，要到位，然后才能去深挖每一位顾客的价值。这样，顾客才愿意在我们这里消费，去为我们的服务买单。

现在我们的收益公式是：流量 × 转化率 × 客单价 = 销售，而以后的收益公式会是：商品量 × 顾客量 × 顾客价值。

只要服务升级了，我们的机会就来了，主要看你是否能够去把握。

† 8.3 形成叠浪效应

我们应该形成这样的叠浪：

以往的流量在不断增加，我们的产品质量好，产品质量好吸引我们的顾客，让顾客产生复购，让顾客带来顾客，形成新的流量渠道，这就是我们的叠浪。

8.4 小程序裂变

我们先打造一个淘宝爆款，通过淘宝爆款，把淘宝流量引流到微信，这是第一重叠浪。

通过淘宝引入微信流量，微信可以引入小程序直接成交，小程序又可以通过朋友圈裂变，朋友圈的裂变又可以通过小程序裂变，又引到淘宝来做一层裂变，这是第二重叠浪。

通过淘宝流量，转化为微信私域流量，微信再引流到小程序，微信可以直接在朋友圈做裂变，搜索发现小程序，小程序做朋友圈的裂变，裂变淘宝，这是第三重叠浪。

这样的叠浪更大。所以我们的未来不止是三重叠浪，我们的未来将会是多重叠浪。

《淘宝天猫治本之道》
特别鸣谢

众筹资源商

全能掌柜	名不虚传	大视界
螃蟹帮	电商易	聚客通
Z先生	全能掌	三点十一
人气猪	51领啦	75网络
风向区	个人京东代入驻	晒图吧

众筹学员

特训-001-天成	特训-002-叶凡	特训-003-樱桃
特训-004-达人	特训-005-绝裸	特训-006-新艺
特训-007-东东	特训-008-牛仔	特训-009-彭柒
特训-010-彭生	特训-011-196	特训-012-七年
特训-013-七柒	特训-014-小吴	

图书在版编目（CIP）数据

淘宝天猫治本之道 / 黄非红著 . –北京：

台海出版社，2018.7

ISBN 978-7-5168-1954-8

Ⅰ . ①淘… Ⅱ . ①黄… Ⅲ . ①电子商务 – 运营管理

Ⅳ . ① F 713.365.1

中国版本图书馆 CIP 数据核字（2018）第 113623 号

淘宝天猫治本之道

著　　者：黄非红	
责任编辑：高惠娟　　贾凤华	封面制作：zuozuo
内文制作：zuozuo	责任印制：蔡旭

出版发行：台海出版社

地　　　址：北京市东城区景山东街 20 号　　邮政编码：100009

电　　　话：010 – 64041652（发行，邮购）

传　　　真：010 – 84045799（总编室）

网　　　址：www.taimeng.org.cn/thcbs/default.htm

E - m a i l：thcbs@126.com

经　销：全国各地新华书店

印　刷：天津盛辉印刷有限公司

本书如有破损、缺页、装订错误，请与本社联系调换

开　　本：710 × 1000	1/16
字　　数：175 千字	印　　张：12
版　　次：2018 年 7 月第 1 版	印　　次：2018 年 7 月第 1 次印刷
书　　号：ISBN 978-7-5168-1954-8	
定　　价：69.00 元	